趣说金融史

货币、金融与未来经济

徐明星 李霁月 顾泽辉 / 著

中信出版集团 | 北京

图书在版编目(CIP)数据

趣说金融史/徐明星,李霁月,顾泽辉著. -- 北京:中信出版社,2021.9
ISBN 978-7-5217-3456-0

Ⅰ.①趣… Ⅱ.①徐… ②李… ③顾… Ⅲ.①金融-经济史-世界 Ⅳ.① F831.9

中国版本图书馆 CIP 数据核字(2021)第 164497 号

趣说金融史

著者：徐明星　李霁月　顾泽辉
出版发行：中信出版集团股份有限公司
（北京市朝阳区惠新东街甲 4 号富盛大厦 2 座　邮编　100029）
承印者：北京启航东方印刷有限公司

开本：880mm×1230mm　1/32　印张：8.25　字数：131 千字
版次：2021 年 9 月第 1 版　印次：2021 年 9 月第 1 次印刷
书号：ISBN 978-7-5217-3456-0
定价：59.00 元

版权所有·侵权必究
如有印刷、装订问题，本公司负责调换。
服务热线：400-600-8099
投稿邮箱：author@citicpub.com

推荐序

发现未来金融时代的钥匙

我拿到书稿时，原本以为是一本介绍金融史的传统科普读物。但当我通读全书后发现，该书通过金融史里的典型案例，尝试给读者提供一个独特的视角，即如何从金融的历史事件中探求它的发展规律，并为观察今天的金融变革，以及预测未来可能发生的更大革新，提供一种新的思考方式。古人说："以史为镜，可以知兴替。"这本书通过对特定历史事件的分析，阐述了金融的发展及其固有的问题，对当前全球都在寻找的普惠金融之道，以及用科技赋能金融创新的努力，都有着极大的启发意义。

"币重则民死利，币轻则决而不用，故轻重调于数而止。"

事实上，我们要谈金融，就一定离不开货币，货币是一切金融活动的核心，也是普惠金融的基础设施之一。当前全球数字经济发展的挑战之一是了解这些技术和创新将给社会带来怎样的变化。新的技术不但改变了人类经济活动的范围，也间接导致了货币形态的改变。作为大家熟知的基础设施之一的通信技术，纸张的发明带来了交子，电报的发明带来了电汇，互联网时代的出现带来了第三方支付和网络转账，每一次通信技术的革命同时也带来了货币形态的变革。我清晰地感知到，以区块链技术为基础的物理与数字世界强关联的价值互联网，将彻底改变未来数字金融的格局。

纵观人类金融发展史，普遍追求的无非是更加便捷、更加稳定的金融体系。不断演进的货币技术创新，推动了金融体系的变革。但所有的问题都解决了吗？就如这本书的作者所述，布雷顿森林体系也是昙花一现，自由金融秩序在某些金融大鳄面前不堪一击，加上2008年次贷危机、时刻蠢蠢欲动的终极通货膨胀……事实上，时至今日，我们依旧在区块链等新型技术的推动下，在货币创新的路上不断寻求金融的升级之道。

2020年以来，新冠疫情全球蔓延，全球金融市场发生巨变，千百家企业破产，创下十年以来历史纪录，美股两周内四次熔断……以比特币为代表的非主权加密货币开始顺势成长。加密货币市场目前还存在较大的波动性，同时，在过去几年里，分布式金融模式诸如DeFi（去中心化金融）的生态也在持续成长，以太坊以及诸多公链生态持续活跃。以前普遍存在的数据孤岛、共链之间互通性等问题也因越来越多的创新资产跨链桥的尝试与兴起，而不断得到优化与解决。

与此同时，以中国、瑞典、新加坡、加拿大为代表的诸多国家，已经启动、推进，甚至已经将央行数字货币（CBDC）计划落地，也在更广范围内、更深层意义上推进当前新一轮的货币形态的进化。应该说，在一定程度上CBDC作为未来数字社会基础设施的重要基石，或将为全球数字经济的未来发展，开辟一条与以虚拟数字资产为核心的去中心化金融的发展道路不同的、崭新的道路。我观察到，许多人、许多机构都在探索金融科技与监管科技的结合，同时，更加积极地规划和寻找全球的金融新大陆。

我们有理由相信，现在还有更多的创新正在酝酿和诞生。但无论哪一种金融的创新，最终的目的都是新型技术的变革和推动，它将引领我们迈入一个沉浸式的价值互联网时代，为全球开启新的数字金融体系与生态。

而回到"普惠金融"这个人类金融的美好愿景上来讲，我也常常在想，在全球支付网络日益发达、数字货币飞速创新、技术标准逐渐完善的基础上，我们可以通过区块链等新兴技术手段，来构建一个更加成熟和便捷的全球跨境支付网络。我经常将其形象地称为"世界零钱"，或许它将以新的治理模式和技术构架，解决人类社会金融体系传统物理意义上的金融孤岛问题，构建一个服务于分布式金融体系和生态的基础设施。这种新型的、基于价值互联网的新金融平台，与这本书的作者提出的金融大变局不谋而合。结合当下的全球金融发展现状，无论未来生态是朝着以 DeFi 为代表的方向发展，还是朝着法定数字货币的方向发展，我们能够明确的是，我们已经到了金融体系创新变革的时代关头。而货币作为最关键的金融基础设施之一，是这场创新变革必不可少的"重头戏"。

在全球金融快速发展、货币体系加速变革的当下，这本书的作者以极具条理性、系统化的论述，带着我们进行了一场关于未来数字金融发展方向的前瞻探讨，通过回望历史来看未来，这是及时且必要的。我们身处全球金融大变革的前夜，尽管这本书的部分理论与思考可能还只是阶段性概括，但无疑将会让广大读者开启一场关于未来金融的创新思想旅程。这本书作为质量很高且又通俗易懂的科普之作，对于想在未来金融时代开创一番伟业的进取者来说，将这本书称为迈向未来新大陆的关键钥匙，是不为过的。

文武

浙江大学国际联合商学院教授、博士研究生导师

联合国国际电信联盟法定数字货币焦点组前主席

目 录

前言 / 9

第一部分 繁荣与沉沦

第一章　回到起点：苏美尔人的记账泥板　/ 003

第二章　灵光一闪：北宋金融皇帝的新衣　/ 019

第三章　圣殿骑士团："圣杯"的力量　/ 041

第四章　美第奇家族：诸王的债主　/ 061

第二部分 光明与阴影

第五章　东印度公司：金融战争的影子　/ 081

第六章　郁金香泡沫：永远的奥古斯都　/ 099

第七章　南海公司：连环泡沫的终极崩溃　/ 115

第八章　英格兰银行：中央银行的前世今生　/ 133

第三部分
梦幻与泡沫

第九章　布雷顿森林体系：金融霸权的昙花一现　/151

第十章　索罗斯的危险游戏：不堪一击的金融秩序　/171

第十一章　次贷危机：连环金融海啸　/189

第十二章　委内瑞拉：终极通货膨胀　/207

第四部分
自由与枷锁

第十三章　竞争的货币：加密货币的构想与试验　/227

第十四章　金融的轮回：中心化金融与分布式金融　/239

后记　/249

前言

现代人往往崇尚因果思维，就连教育孩子时都会有意识地去训练其逻辑思维能力。在哲学界，也存在关于"第一因"的广泛讨论。可是到了金融领域，似乎画风突变。很多人不知道大萧条、次贷危机的前因后果，甚至会把历史上的几次重大金融危机搞混。

俗话说，没有无因之果。通过本书，我们希望让你看到一个比你想象中更加古老的金融体系。在接下来的篇幅里，我们会从公元前3000多年开始，沿时间轴讨论历史上负有盛名的帝国和文明，看看古代人是如何利用金融思维解决现实问题的，以及这些金融果实在变革与传承中，又得到了什么样的滋养。如果你能够就此建立自己的金融思维，甚至通过金融思维解决生活问题、扩展认知边界，那真是再好不过了。

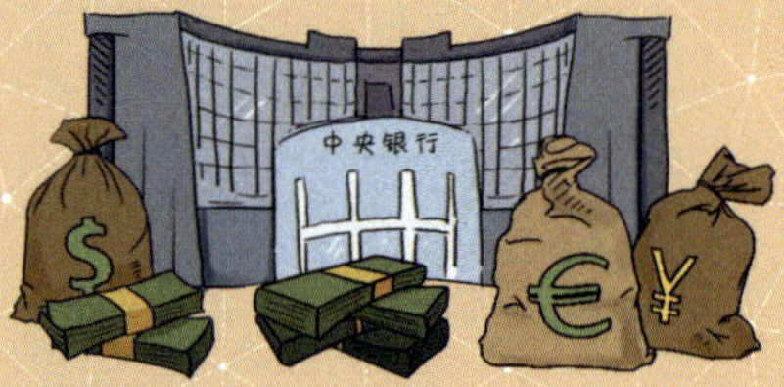
中央银行

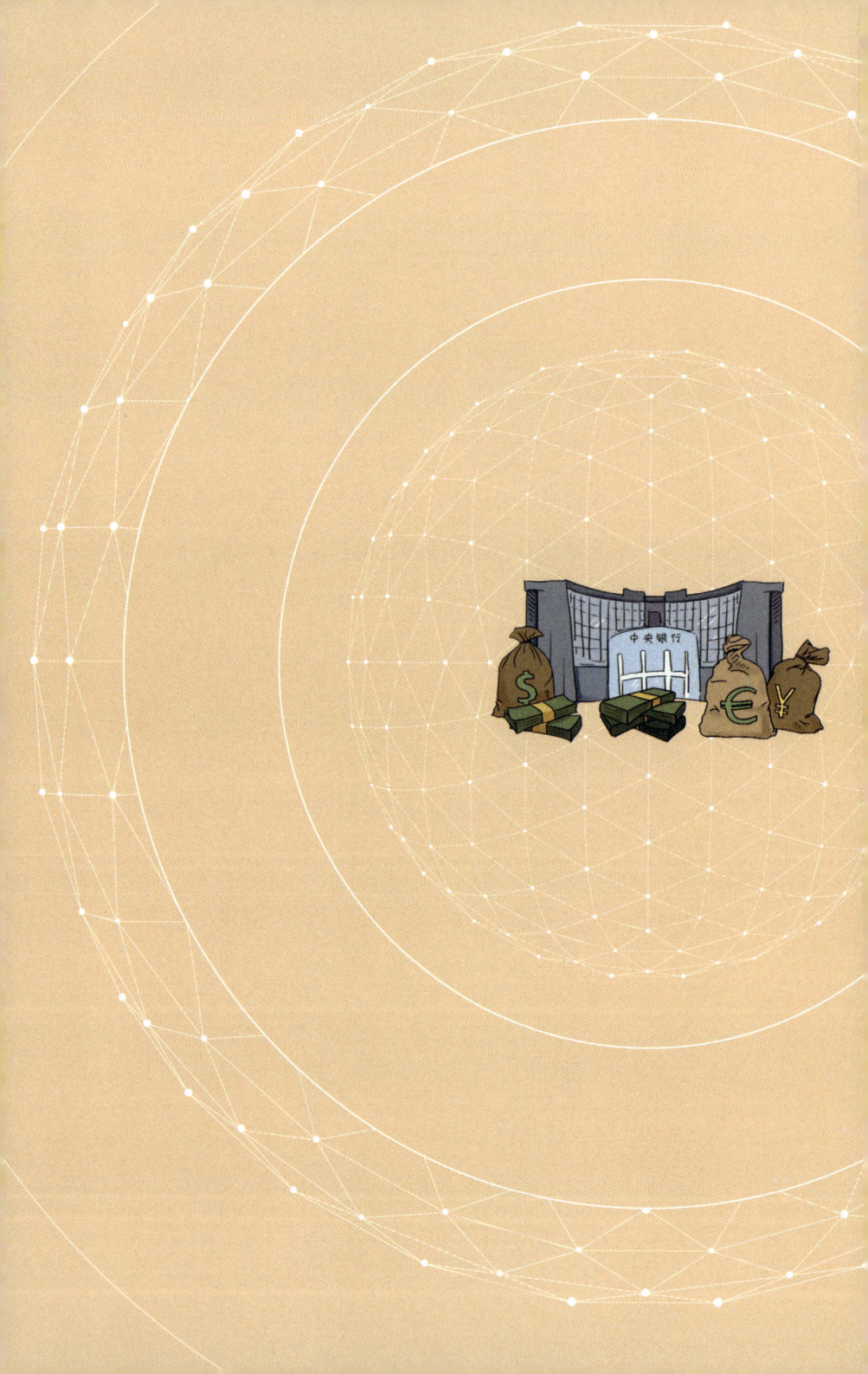

第一部分

繁荣与沉沦

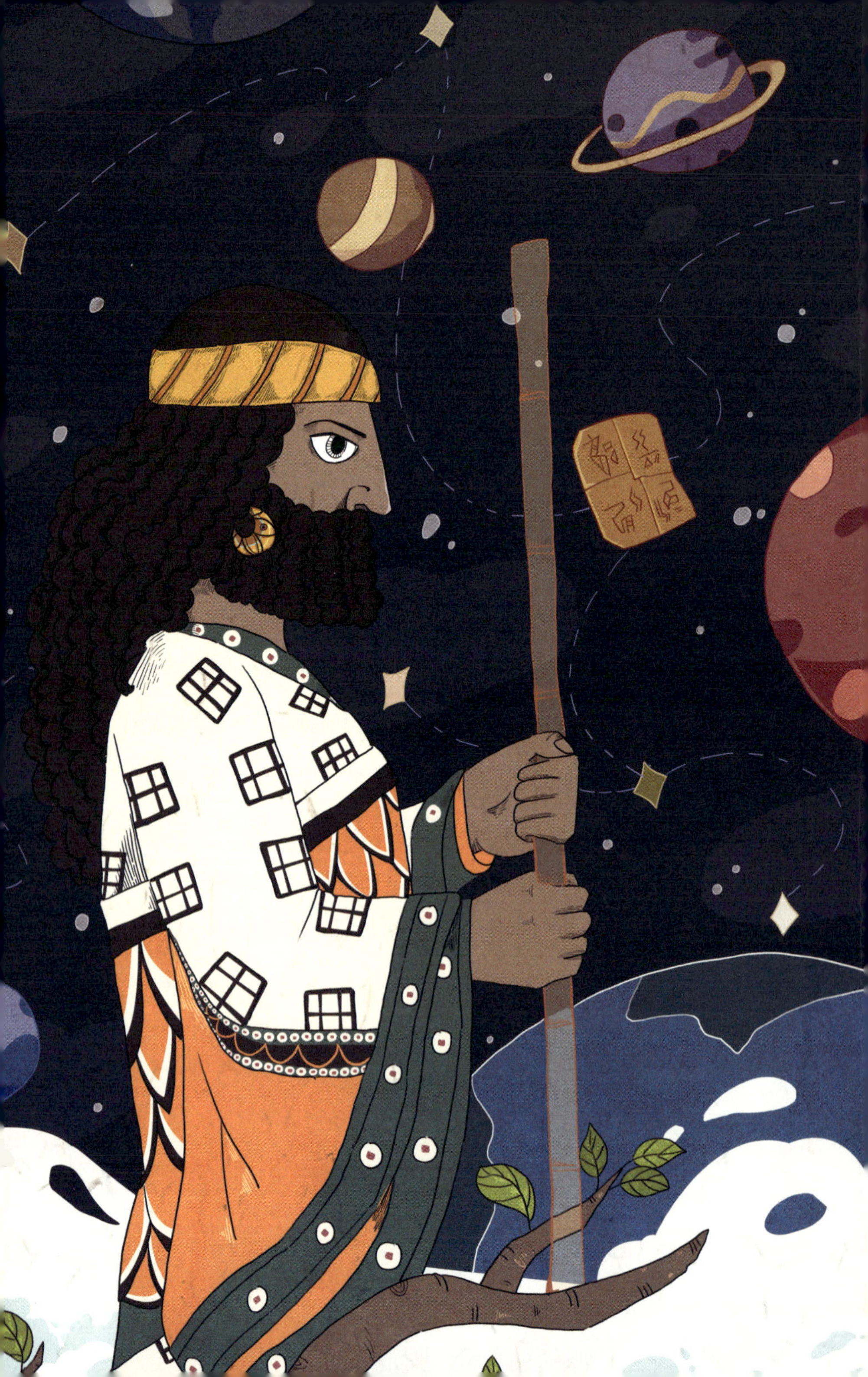

第一章

回到起点：
苏美尔人的记账泥板

人类总是渴望通过额外印钞找到刺激经济上行与防范系统性崩溃的平衡点。伴随着代价惨痛的试错不断发生，这样的游戏也许永远没有尽头……

提到"最初的货币"这个概念时，很多人会想到中国商代的贝币。有一点与很多人想象的不一样：在商代，用来易物的贝类非常稀缺，绝非"没事捡捡贝壳就能发财"那么简单。要想通过捡贝壳致富，商代人必须组建一支探险队，离开自己长期生活的内陆地区，长途跋涉前往东海或南海，其中的凶险可想而知。

好在贝类质地坚硬，即使反复流通也不会轻易损坏。对于商代人来说，贝类是财富的象征，其颜色也与商代崇尚的白色天然契合，既可作为流通工具又可作为装饰品。在特定时期，贝类还是重要的仪式道具：贵族和高级官员占卜时，会把问题写在贝壳上，交由巫师解读，根据占卜结果趋利避害。也有逝者家属将贝壳置于逝者的口中和手脚处，彰显其身份地位，此举意义大概和希腊人在逝者双眼处放置钱币作为冥界过路费相似。

很快，执政者顺应趋势，通过对贝类穿孔标记其数量和价值，进一步明确贝类作为货币的公允价值。随着生产力的发展和稀缺资源的转变，贝类这种天然货币作为一般等价物的职责开始交棒给青铜代币。贝类在某种意义上影响了中华文明的进程，看看现在的汉字，许多与钱有关的字的组成部分中都有"贝"。以贝类作为原始货币单位的演进过程太顺畅了，这几乎是天佑中华，一切都恰到好处：稀缺性、公允价值、小巧且不易损坏……无懈可击的贝类完全就是金银本位货币的前身。

但是，所有的文明体系都有这样的好运气吗？显然不是。

接下来，该引出本章真正的主人公了：苏美尔人。

以苏美尔语文献为主要标志的苏美尔文明是迄今为止有确切文字记录的最早文明，可以追溯到 6 000 多年前。苏美尔人发明了人类最古老的文字——楔形文字。有很多听起来不可思议的苏美尔语文献流传至今，其中最著名的莫过于《苏美尔王表》。这份文献有多份内容存在差异的副本，陆续发现于美索不达米亚各地，均使用楔形文字书写，其内容引发了学者对神话时期的联想。传播最广、最受关注的是部分副本中第一部分里一句让人感到匪夷所思的话:"在 5 座城市,有 8 位国王,他们统治了 241 200 年。然后大洪水席卷而过……"

正是这句话给苏美尔人披上了一层神秘的外衣,外星论、长寿论、神明论等猜想不胫而走。即使抛开这些天马行空的假设,苏美尔人依然开了近乎造物主的视角去理解这个世界。他们有明确的时间概念,以月的圆缺周期作为参考系,把一年分为 12 个月,每个月分别为 29 天或 30 天。苏美尔人对秒、分钟、小时的换算方式和现在如出一辙。在考古过程中,专家发现苏美尔人竟然可以计算结果长达 15 位的数学题,很难想象他们当时为何会学习并掌握这种数量级的算术。在现代，这么大的数字往往出现在天文学领域，而苏美尔人的那些神秘数字也确实和现代天文学中太阳、地球、月球等星球的运转周期高度近似。要知道，晚于苏美尔文明几千年出现的希腊文明，还会将1万以上的数称为无穷大，作为超纲数字处理。

没有人知道苏美尔人逆天的科技究竟从何而来，但考古工作还是能追踪到一些蛛丝马迹。如果苏美尔人并非自带满级技能树，他们的发展就一定遵循所有人类文明的发展共性。

于是，我们可以结合文献和考古发现，断断续续地拼凑出一个更理性的故事。公元前3200多年的美索不达米亚平原是一片沃土，两河流域稳定的河水泛滥让这里拥有得天独厚的农耕与养殖条件。而在此时，巴比伦帝国和好战的亚述人还在历史的襁褓中沉睡，4米多高的人面双翼守护神雕像和琉璃砖装饰的新巴比伦城也仅存在于某只蝴蝶的梦中。苏美尔人的一个分支徘徊了许久后，终于下定决心在美索不达米亚西南部开始建设他们的家园。肥沃的土地很快就让苏美尔人实现了自给自足，他们种植谷物，并开始尝试养殖牲畜，一切都如伊甸园般美好。

但是不要忘了，此时的外部世界也在发生着剧变。世界正在进入青铜时代，青铜材质的农具、武器、饰品开始大放异彩，人类的生产力和战斗力得到了质的提升。

有人选择向矿山探索，有人选择挥剑侵略。而苏美尔人也学会武装起自己，守卫自己的家园。他们充分利用自己的优势，建起一座名为乌鲁克的城邦。执政者甚至已经有了更加宏伟的计划：修建堤坝、神庙，训练自己的军队，甚至开始精研昼夜的终极奥秘。

任何蓝图和愿景都是从一个不太显眼的起点开始的，对于乌鲁克的苏美尔人来说，这个起点就是对外贸易。对于一个以农业和畜牧业为基础的文明来说，如果长期缺乏木材以及铜、锡等金属，那会是致命的。一旦这片沃土被侵略者盯上，苏美尔人的下场就只有一个：沦为敌对势力的奴隶。组建一支成熟的对外商贸团队几乎是刻不容缓的事情。而困扰执政者的最大问题在于，如何改变现有的产业结构，说服那些习惯于农耕畜牧的族人去做陌生且有可能丧命的危险生意。他们需要一个非常精准的中心化策略，既能持续输出维持整个族群的农产品，又能让那些放弃农耕的新兴职业者以及他们的家人得到相应的生活必需品。

伟大的闪光点就要出现了，或许这个灵感的主人没有意识到，他即将改写族人的命运。未来，苏美尔人将因为这样的改变而走向富强，乌鲁克也将因此建立起计划经济的雏形，使得这座万人规模的城邦稳健运营。在这里，高度发达的社会化分工变成可能，薄弱的产业逐渐得到改善，木材、矿产等稀缺资源不断涌入。早期的苏美尔人可能不会相信，他们日后会在金属和矿石冶炼方面取得惊人的成就。

在揭晓这个闪光点前，我们还要回顾苏美尔人的一项特殊技能：他们极其擅长陶艺，可以用黏土制作各种生动的物件。这或许和他们的神话体系有关，苏美尔人相信人是神明用黏土做的，用于服务神明。不知是不是由于这种信仰的推动，苏美尔人对黏土制品的创作产生了偏爱。1929年，德国考古学家挖掘出乌鲁克的中央神殿，并且在神殿周围挖出了很多黏土制品。这些黏土制品的外形具有很高的辨识度，比如面包、罐子、动物等。但这些惟妙惟肖的黏土制品并没有引起人们的关注，也无人能解答其用途。

直到多年后，美国得克萨斯大学的学者丹尼丝·施曼特-贝瑟拉开始系统研究这些黏土制品。她认为，这些黏土制品的出现时间甚至早于乌鲁克古城。这意味着，它们绝非装饰品那么简单，而是代表着某种规则和秩序，让当时的苏美尔人享受到了某些便捷之处。丹尼丝坚信这些小物件不是艺术品的重要原因是，它们的大小和造型极其相似，有标准化作业的影子，而且它们是批量被发现于中央神殿附近的。

莫非是神庙附近的商贩在销售工艺品？这显然不符合逻辑。最早的中央神殿是祭祀神灵、颁布重大法令的神圣区域，绝不允许世俗玷污其圣洁。《圣经》里还有耶稣愤怒地把商人赶出神殿的描述，西班牙文艺复兴时期的画家埃尔·格列柯就以此为创作主题，完成了油画作品《基督把商人逐出神殿》。

于是人们有了一个大胆的猜想：这些黏土制品代表某种承诺和契约，普通人借此完成对神明的供奉义务。比如一个人向神庙捐赠三个面包形黏土制品，意味着他要在特定时间带着真实的面包来到这里履约。为何不直接向神庙供奉食物，而要多此一举，用黏土制品代替呢？别傻了，在物质匮乏时期，执政者怎么会任由宝贵的食物放在神庙里腐烂变质呢？

要求居民使用黏土制品上供，本质上就是创造了一种代币和商品兑换券。神庙收到了供奉者的黏土制品代币，就意味着该供奉者完成了对神庙的义务，而执政者可以从容决定这些食物和商品的二次分配与归属。这是一种理想的中心化金融模式，既为执政者提供了统计工具，又使得商品可以在时间轴上自由穿梭。执政者不需要在商品储存和保鲜上花费太多时间和精力。

更有意义的是，能供奉这些商品的居民一定已经实现了自给自足，这些商品是其日常开支之外的一部分。现在，执政者可以很好地利用这些集体资源，尝试进入新兴产业。通过实打实的物质激励，他们可以组建风险收益比较高的探险队和商贸团，填补短板，建立自己的帝国。经过精准的计算后，他们完全知道未来一段时间可以拿出多少物资来扶持创业者，也会为穷人、奴隶、儿童和老人留下生活必需品，甚至可以为可能出现的重大天灾未雨绸缪。

这个模型中唯一需要警惕的是，如果有部分人出于某种目的供奉了大量与个人生产力不匹配的黏土制品，并且无法准时兑付的话，就会出现系统性的坏账风险。其负面影响与违约人数成正比，甚至有可能摧毁整个城市。显然，这套制度需要一个与之对应的记账体系。

幸运的是，这样的记账体系真实存在。考古学家在乌鲁克挖掘到了用来记账的泥板，这些泥板也是由黏土制成的，用木制笔完成书写，泥板上用于记录的图案几乎和那些黏土制品一模一样。真相大白，以神庙、泥板和小型的黏土代币为基石，苏美尔人曾经建立了一套中心化的金融秩序。

现在我们无法确定这样的代币是否被用于非神庙场合，比如居民能否用三个面包形黏土制品置换到两个啤酒形黏土制品？不过无论怎样，这个金融模型还是有探讨的价值。借助这一特殊的代币，执政者在神庙完成清点后可以对未来一段时间的城市物资有一个清晰的判断，及时发现经济趋势的变化，对新兴产业和特殊人群进行定向补贴，解决神职与公务人员的工资问题。这种类似国家资本主义的模式，在蛮荒时代可以为乌鲁克的苏美尔人提供强劲的凝聚力和对外扩张的基础。

反过来看，这种新奇的模式也一定有其局限性。首先，它必须置于一个拥有高度纪律性的神权环境中，每个人都清楚自己对神庙应尽的义务，这构成了这套金融模型的底层信任环境。其次，这一模式一定存在于生产资料种类较少的时期，否则仅黏土代币的制造周期就会带来极大的不便。再次，很多职业产生的无形价值很难通过黏土制品来表示，如教师、医生等，他们的劳动力换算方法是一个问题。最后，这种模式一定会随着社会化分工、人口激增等发展趋势变得臃肿不堪。

也许是意识到商品多样性带来的巨大工作量，苏美尔人又发明出了"麦元"，即将大麦充作货币，并制定了标准单位——席拉，生产了大量的一席拉标准容量的碗。这样，人们可以放心地领取到足额的薪水，以大麦为一般等价物进行贸易往来。但大麦的特质决定了它无法长期保存和远距离运输，很难作为一种永恒的财富进行传承和积累。大麦货币和黏土代币均有缺陷，它们可以相互作为补充，但很难说谁能取代谁。

既然苏美尔神庙与私人之间有着一整套金融模型，想必私人与私人之间也存在着独立的金融规则，在发生借贷融资时起到监管和公正作用。私人之间最常见的金融场景一定是跨领域协作和赊账购买生活必备品。已知的信息显示，苏美尔人会通过特殊的泥板和代表个人签名的印玺完成契约的签订。而且，他们好像对支付利息这件事持理所当然的态度。在他们看来，这就好比种下作物会得到果实，饲养动物会得到幼崽一样。不过类似私人借贷的金融场景在乌鲁克古城的日常中占比很小，人们更多还是以神庙为中心进行经济活动。

相比之下，商代贝币的发展，本质上是民间为寻找物物交换的便利条件的自发行为，随后成为一种约定俗成的货币制度。执政者介入后，在贝币上打孔、为贝币仿制品进行流通性背书等明显的标准化铸币行为才开始出现。而苏美尔文明的货币制度（姑且把黏土代币算为一种货币制度），带有一种明显自上而下的痕迹。这种制度在诞生之初，好像就背负着某种族群的终极使命。就像早年被挖掘出的乌鲁克祭祀瓶，瓶身上的浮雕描绘了人们排着整齐的队伍向最高处神庙上供的场景。

如果说商代贝币的亮点在于通过造币让商品高效流动，那么苏美尔金融制度的亮点就是弱化币的存在，聚焦于币背后的真实交易。听起来似乎很抽象，但是把苏美尔人的玩法和近两年来爆火的概念——数字货币进行横向比较的话，就会发现惊人的相似性。

在"比特币"这个概念刚刚出现时，很多非技术人士始终无法理解何为比特币，原因就在于比特币并不是真正的币。大部分人的思维惯性是，听到比特币后，第一时间想到的是一枚金币或是银币，但这是完全错误的。

比特币就像是苏美尔人的黏土制品，本身没有太多内涵，真正有意义的是比特币背后的点对点记账系统，就像是苏美尔人的记账泥板。所以看似高深莫测的区块链本质上就是用一串链条把苏美尔人的泥板串联在一起。其好处在于，比特币的价值不锚定于任何一种法定货币，而是取决于有没有更多的人愿意在区块上记账，并为这种服务支付费用。

几千年以来，主流货币体系几乎都是在贝币的延长线上行进，而苏美尔人的记账泥板却几乎无人问津。事实上，商代贝币最后的结局并不好：在殷商后期，帝国开始超发无文铜贝，直接引发了物价上涨、货币贬值。这大概是历史上第一次通货膨胀，也间接加速了殷商王朝的崩溃。在此后的种种货币制度中，类似的情况总是不断重演。人类总是渴望通过额外印钞找到刺激经济上行与防范系统性崩溃的平衡点。伴随着代价惨痛的试错不断发生，这样的游戏也许永远没有尽头……

也许这正是苏美尔人想告诉后世的，黏土代币不是重点，那些记录一切交易和供奉行为的泥板才是金融的内核。苏美尔人的记账泥板在历史的尘埃中冷眼注视着那些疯狂印钞的帝国。它提醒所有人去关注真正的价值，而不是在一轮一轮货币超发后去崇拜面目全非的百元大钞。

在接下来的案例中，我们还会看到一些通过偷工减料使货币贬值，妄图创造价值的故事，但最终沦为闹剧。让我们再次记住这个结论：货币可以凭空创造，但价值永远不行。

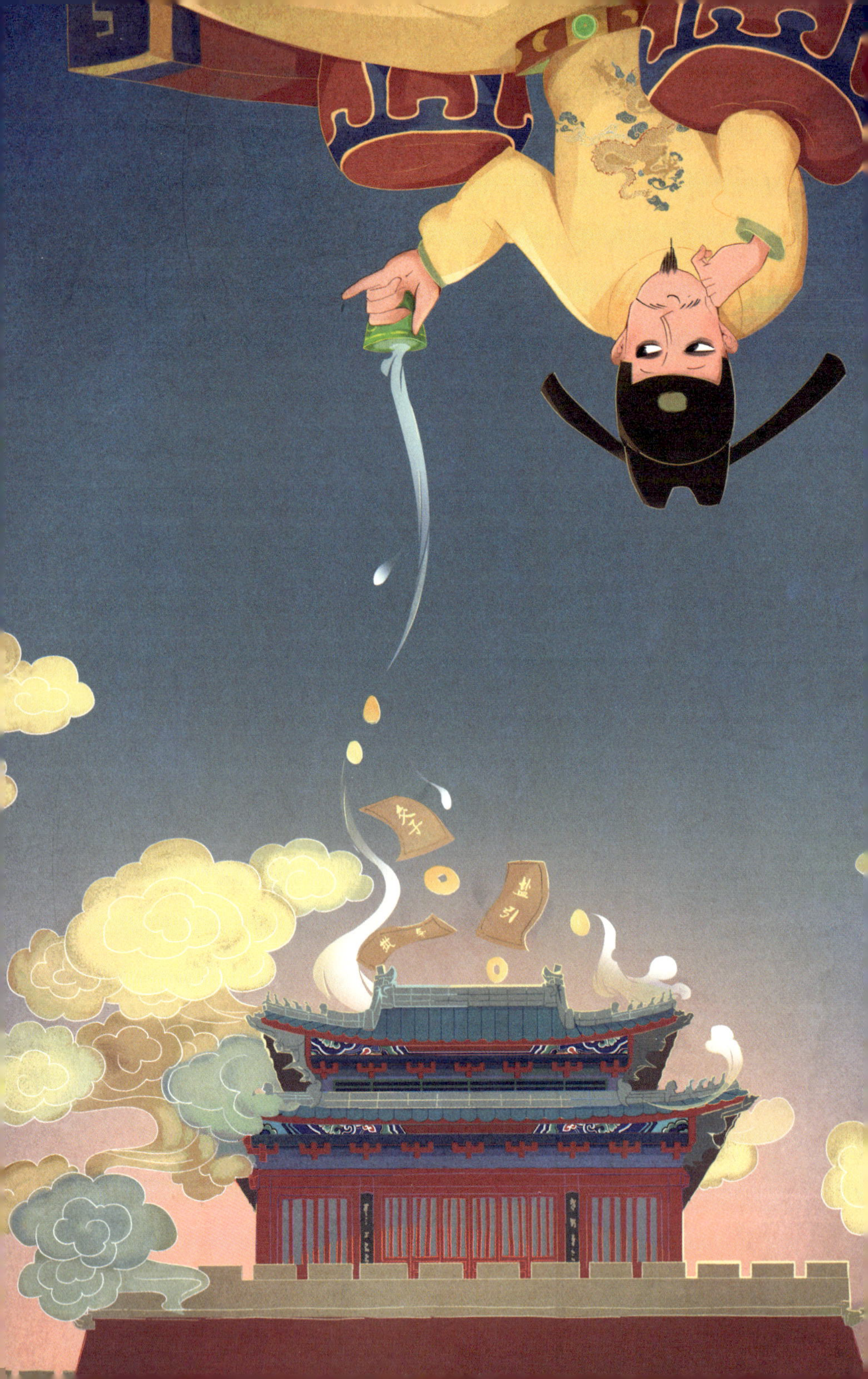
交子
盐引

第二章

灵光一闪：
北宋金融皇帝的新衣

"没有印钞解决不了的问题，如果有的话，那就印更多的钞票。"

在可知的经济周期内转移风险，就像是为风险穿上一层层华美的服饰。但终有一天，风险会优雅地脱掉这些外衣，赤身裸体地出现在所有人面前。

建隆二年（961）年七月初九的清晨，一个男人神色恍惚地坐在龙榻上。宫女和太监们识趣地退到一个恰到好处的位置，既不打扰主人沉思，又能在第一时间听到帝国主宰者的召唤。那个男人心事重重，帝国统一后他突然多了失眠的毛病。长期无法入睡让他的情绪极不稳定，但他克制的性格又不允许自己像暴君一样向周围人发泄。

太医开的方子他照单全收，但失眠的症状毫无改善。该怎么办呢？他在思考。其实他一直知道问题出在哪里，但他始终不愿意面对这个问题。愈失眠愈清醒，他知道自己不能再逃避下去了。对自己、对别人，甚至对整个帝国，这都是不负责任的行为。到了该下决心的时候，他必须收回开国元勋们的兵权。

因为兵权而夜不能寐的帝王又何止他一个,这一点赵匡胤心知肚明。赵匡胤想到了高祖刘邦和死于长乐宫的韩信,一丝不易察觉的冷酷出现在他脸上。一了百了?也不是不可以。久经沙场后,他对"代价"和"牺牲"有了更为深刻的理解。但毕竟,那是为了让自己黄袍加身,一起拼杀出来的兄弟。赵匡胤叹了一口气,现在要是能有人商量一下就好了。

想到"商量"二字,他会心一笑。一个手持擀面杖追打自己的泼辣女子的身影在脑海中若隐若现:"大丈夫临大事,可否当自决胸怀,乃来家问恐怖妇女何为耶!"若不是陈桥兵变前姐姐这一通劈头盖脸的教训,恐怕自己还是无法下定决心吧?紧接着,他又想到了家人。在那兵荒马乱的年代,一家人能够经历血腥的四朝更替而无恙,实属奇迹。自己21岁出门闯荡,混迹江湖,从马前卒干起,九死一生,没想过竟有一日可以端坐于龙椅号令整个帝国。

纵观五代十国，论出身和文治武功，在他之上者不在少数，这江山却鬼使神差地落在了他手中。当然，他知道这绝非侥幸，从军以来他就小心翼翼地谋划着自己的前途，甚至主动易主，进行政治赌博，一点点走向权力中心。硬要说自己成功的秘诀，大概就是做人留一线的处世之道吧。这恐怕是那些军事强人不及他之处，也决定了他们昙花一现般的人生。回忆至此，赵匡胤的思绪突然变得清晰起来。今天的夜宴上，他知道该怎么办了。

千年之后，有人认为，北宋在军事方面的无能与衰败，要从赵匡胤的杯酒释兵权开始清算。赵匡胤的一念之仁救了核心将领们的性命，但心中挥之不去的阴影最终促使他修改军法，让武将们频繁轮岗、相互制约，以至酿成了北宋军队"兵不识将，将不识兵"的悲剧。

著名历史学家陈寅恪曾说："华夏民族之文化，历数千载之演进，造极于赵宋之世。"宋朝是中国历史上经济、文化最为繁荣的朝代之一。中国四大发明中，三个出自宋朝。唐宋八大家中，宋朝人独揽六个席位。世人提起杯酒释兵权时，往往盛赞赵匡胤的帝王心术与算计，却忽略了他背后的胸襟。正是这份自上而下的理性和克制，为北宋金融创新提供了有利土壤。但是好景不长，宋朝的金融创新到后来演变成统治阶层填补财政窟窿的"创收"游戏,进而引发了系统性崩盘。当然,这都是后话。

现在,让我们从中国,同时也是世界最早使用的纸币——北宋交子说起,看看宋代人是如何通过玩转金融逐步实现强国的。

在纸币出现前,历任君王都进行过大规模的货币标准化,流通中的货币以金属铸币为主,如铜钱、铁钱、银锭。无论是对百姓还是商人来说,频繁使用金属货币交易都是一个不小的麻烦。这一问题在四川地区尤为严重,因为四川极度缺铜,只好退而求其次,以铁钱作为交易媒介。然而铁钱的购买力有限,购买一匹绢就需要支付几千枚铁钱，其重量几乎达到百斤。

　　再加上北宋初期百废俱兴，经济的蓬勃发展需要更加频繁的货币流动，越来越大的交易规模也需要与之匹配的货币规模，交子应运而生。起初，交子由四川地区的商人自发使用，是一种依托于交子铺的存款凭证。四川地区的商人可以将金属货币存放在交子铺，并得到相应面额的交子。任何人只要持有交子即可在四川地区对应的交子铺随时提现，提现时会扣除相应的手续费。

随着交子的信用得到广泛认可，它开始代替金属货币，直接流通于市场。很快，交子引起了朝廷的重视，存在违约风险的私人交子铺陆续被取缔，转而由四川最富有的十六大商人家族担保专营。经过一系列的优化整顿和选材后，北宋官员张咏主导发行了以桑叶为原材料的官方交子，随后普及全国。为了纪念这一货币史上的壮举，英格兰银行中央的天井里种下了一棵来自中国的桑树。

交子这种货币模式的出现还有一些无奈的历史原因。其中最重要的一点是，北宋周边国家均实行铜本位货币，而且它们鼓励使用宋朝铜币。于是，以铜为代表的贵金属不断被走私外流，甚至有不法商贩通过对外贸易进行变相的铜币套利。对于北宋来说，如果不进行一次根本性的货币改革，日渐稀缺的金属货币会拖累经济发展。所以说，交子有其灵光一闪之处，但也是贵金属外流下的不得已而为之。

如果说交子是一次围绕货币媒介的创新，接下来要聊到的盐引制度就是真正聚焦于产业本身的重大革命。众所周知，盐茶交易因其重要的商业价值，自春秋以来就受到国家的严格管控，其销售权更是牢牢掌握在国家手中，任何私人进行贩卖都会被判处极刑。然而私人贩卖盐茶的行为却屡禁不止，正如马克思在《资本论》中所转引的："一旦有适当的利润，资本就大胆起来。如果有10%的利润，它就保证到处被使用；有20%的利润，它就活跃起来；有50%的利润，它就铤而走险；为了100%的利润，它就敢践踏一切人间法律；有300%的利润，它就敢犯任何罪行，甚至是绞首的危险。"①

既然利益可以让私盐贩子连死都不怕，为何不利用这个特性让他们做一些更有意义的事呢？这样的设想在宋太宗赵光义执政期间得以落地。开宝九年（976年）后，赵光义接手的帝国处于一个内有五代十国遗留战事，外有大辽威胁的不利局面。各类征战自然不可避免，而粮草调度与运输问题就是帝国重中之重的大事。过去，粮草运输往往由军队自办或百姓徭役完成。但部队军官自办粮草最易诱发贪腐问题，而徭役为百姓带来的巨大负担又容易引发造反。

旧制度显然不适合内忧外患的北宋，于是一个巧妙的设计出现了：北宋朝廷向商贩开放盐的特许经营权，而获得这一权利的方式是协助军方进行军需品的运输。只要商队按照要求向地方军官交付粮草，就可以得到军官针对这次粮草配送的"官方估值"批条，进而兑换相应额度的盐引，最终通过销售获取利润。在估值过程中，地方军官会根据运输难易程度、中途损

---

① 《资本论》（第1卷），人民出版社。

耗、物资品质、商队运输酬劳等综合判断，给予一定的溢价。用市场经济的方式解决粮草问题，这大大调动了商队的积极性，从根本上提升了军需品的运输效率。强大的军需品供给政策，让军队即使面对远距离战役也游刃有余。

不过对于商队来说，拿到地方军官的批条后还不算结束，他们必须带上批条返回京城，交给相关部门折换成等价的盐引。拿到盐引后，商队需要根据实际情况到指定地点（一般在山西地区）领取足额的盐，这些盐必须在指定区域内进行销售，严禁违规跨区销售。漫长的变现周期和苛刻的销售规则都是困扰商队的问题，虽说销售盐的利润惊人，但是在运盐的途中存在很多不确定风险，一旦碰上盗匪或者天灾，近半年的努力都要打水漂，甚至可能危及性命。

于是新的社会化分工出现了，商人中分化出一些组织，专门以折扣价回收其他商人所得的盐引，然后合理规划，按照不同的路径集中统筹，提高安保水平、优化运输机制。这一模式为其他商人提供了一个盐引快速变现的途径，也分享了规模化处置盐引的利润。这种有作为的中间商的确可以心安理得地凭自己的劳动赚取差价。

第二章 灵光一闪：北宋金融皇帝的新衣

盐引具有明显的货币属性。一方面，它具有官方背书，几乎不存在违约风险。在王朝存续期间，足额的盐引可以兑换到足额的盐，这一铁律不会被打破。另一方面，盐引使得产业链进一步精细化，运输物资、兑换盐引、盐引变盐、盐产销售各个环节都孕育出全新的商机，从而推动整条产业链欣欣向荣。盐引开始成为一种广泛流通的代币，它的货币属性超越了商品属性，影响了更多行业。

很快，处于权力金字塔上方的势力也发现了这一巨大商机。京城的财团和官方机构在彻底理解平民商人的生财之道后，开始通过他们的权力网络修改游戏规则。他们借相关官员之口向朝廷提出三个忧虑：其一，全国大小战事不断，应该对运送军需品的民间商人组织进行一定的资质考察，以免个别有心者在运送途中以次充好，贻误战机；其二，随着盐引制度产业化，很多商贩违规跨区销售，导致盐引价格异常波动，有损国家金融制度的稳定性；其三，军需品运输的估值权掌握在地方军官手中，官商勾结下，各类虚假估值行为屡禁不止。

这些问题成功倒逼北宋朝廷进行了一系列制度改革。为了提高军需品运输的准入门槛，朝廷制定了担保制度，该制度要求商人兑换盐引时必须找到京城有资质的钱庄进行信誉背书。这样的结果是，盐引产业链又增加了一环：担保方。

看起来，这一制度有利于提升盐引制度的整体稳定性，规范市场行为。

但事实果真如此吗？

在现代金融的很多案例中，规则制定者通过环环相扣的金融衍生品创造出更加复杂的金融生态，各种各样的对冲机制看起来平衡了金融天平，实际上却只是为风险提供了一个延迟机制，这些风险并没有凭空消失，而是隐藏在某处蠢蠢欲动。其实，大部分规则制定者的出发点都是善意而积极的，他们在已有秩序中发现了问题，因此希望推动改革。只不过阳光与阴影总是相伴出现，有人在规则中寻找漏洞试图补救，也有人在寻找隐藏于规则中的套利空间。

就像盐引制度中的担保方，他们意识到担保的重要性后开始利用这一职能套利。他们在为运输商队担保的同时加入了"捆绑销售"，要求商人在兑换成功后以一定的折扣价将盐引卖给自己。当然，这里的"折扣"不尽如人意，没有商人愿意把辛苦得来的盐引低价甩卖。对于那些拒绝这一提议的商人，早已结成同盟的担保方会将其拉入黑名单。这意味着，这些商人之后可能无法找到合适的担保方，也就压根儿拿不到盐引。最终，商人们迫于无奈，只好接受这种处置方式。

商人的妥协让以钱庄为代表的担保方得以低价购入盐引，而赚足筹码的担保方和整个市场成为对手盘。事实上，当某人习惯于通过金融手段赚快钱后，他也就很难回归实体经济，脚踏实地去赚慢钱了。这也是所有国家都会抵制金融市场过热、资本脱实向虚的原因所在。

手握大量筹码的钱庄发现，与其费尽周折把盐引兑换成盐销售，还不如操纵票据市场，通过高抛低吸的手段反复套利。毕竟，对它们来说，这样的市场操纵行为其实不是什么难事，它们既是银行，又是证券公司，还是票据市场的经营者。在这样的格局下，"收割"商人散户简直易如反掌。想要逢低买入时，钱庄们只需要集体压低收购价格；想要逢高出货时，它们可以控制市场上的盐引流动性。毕竟市场上有很多既不想为官方运送物资，又渴望介入茶盐生意的商人，他们可以从钱庄处购得所需的盐引。

担保方的壮大，几乎扭曲了设立盐引制度的初衷。原本是鼓励商人参与国防建设的桥梁，却逐渐变成吸引投机分子的赌坊。

意识到市场乱象后，北宋朝廷又走了一步棋，而这也成为压死骆驼的最后一根稻草。朝廷正式宣布，将盐引升级为官方发行的盐钞。或许在朝廷看来，这招既可以杀死疯狂套利的担保方，又可以为自己增加营收。毕竟没有了中间商赚差价，朝廷直接与市场需求对接，任何想要参与贩盐生意的商人都可以从官方渠道购买盐钞。在朝廷的支持下，盐钞成为一种流动性更强的代币。

看起来问题已经迎刃而解了，但金融旋涡并没有回归平静。在发行盐钞的过程中，朝廷尝到了铸币的甜头，之后开始了更激进的金融冒险。

商人购买足额的盐钞后，需要经过较长的销售周期才能变现，而盐钞的发行总量在一段时间内应该与朝廷的盐储备量画等号，即对外发行面额一斤的盐钞，就必须有一斤的盐储备，如果朝廷适当超发一些盐钞，会发生什么事情呢？于朝廷而言，可以快速得到超额营收，这些营收可以用来补贴制盐产业，提高产能，为超发部分的盐引提供足额的盐。于商人而言，只要市场上没有出现大家集体拿着盐钞去兑盐的挤兑现象，自己手中的盐引就有价格保障，或许他们压根儿不知道自己手中的盐钞其实是注了水的。

这几乎是一个多赢的金融策略，看起来无懈可击。官方通过小小的作弊行为，让盐引产业链透支着未来的价值。如果链条上的所有人都循规蹈矩，这样的作弊也不失为一个善意的谎言。这一金融策略几乎无限接近于现代金融体系中的加杠杆，稍微有些金融常识的人都知道，适当的加杠杆有利于刺激经济、增加就业，是行之有效的金融手段。可问题就在于，加杠杆经常会让尝到甜头的人欲罢不能，温和的加杠杆行为也会迅速升温成为末日杠杆。

盐钞不断泛滥，眼看"一斤盐当十斤盐钞卖"的把戏就要被戳穿，去杠杆迫在眉睫。然而这谈何容易，起初超发盐钞产生的收益已经变成了利益集团的奢侈消费，可用的筹码少之又少。于是北宋末年，残酷的一幕出现了。以权相蔡京为首的官僚集团选择了一种极端的去杠杆模式，每隔一段时间就会对市面上的盐钞进行"以旧换新"，宣布旧有盐钞停止使用，必须在指定时间内换取新盐钞。每次换钞时，官方会收取巨额手续费（接近于原票面价格的40%），以此达到去杠杆的效果。

随着市面上盐钞的总价值一次又一次被腰斩，去杠杆的任务算是完成了，但更可怕的后果出现了。在去杠杆的过程中，中小商人的财富迅速缩水。一直以来，中小商人就是北宋经济坚实的腰部力量，如今他们遭到了毁灭性打击，经济活力自然急剧衰退。在炒盐钞的过程中，财富不断向头部利益集团聚拢，他们更是将金融资产用于放贷，借黄河泛滥等时机要求借款人抵押田产，不断兼并土地。有分析认为，北宋中期时就有70%以上的土地归地主阶级所有。在恶性通货膨胀和外部势力的夹击下，北宋经济最终走向了崩溃。

正所谓成也金融败也金融，以盐引为代币的金融创新在一段时间内使北宋经济走向了高度繁荣，甚至使北宋成为西方叹为观止的文明。意大利犹太商人雅各在他的游记《光明之城》中,把宋朝描述成令人神往的"天堂"。英国历史学家汤因比也说过:"如果让我选择,我愿意活在中国的宋朝。"

但是,盐引制度几乎和所有金融创新的探索一样,也有其局限所在。具体而言,这一新事物最终沉淀下来三个亮点和两个恶果。最大的亮点莫过于盐引制度通过释放部分利润提升了帝国对盐的掌控力,从人性角度压缩了私盐贩子这一灰色职业的生存空间。其次,此举算是开了军需品运输市场化运营的先例,并且被后世效仿和优化。最后,盐引制度的出现带来了中介阶层乃至银行业的发展,也成为可供现代票据市场参考的一个金融模型。

至于恶果，同样影响深远。其一，盐引制度成就了以钱庄财团为代表的金融炒家阶层，他们通过巨额财富在政界和实体经济中掌握了无与伦比的话语权，而这种话语权很大程度上起到了负面作用。其二，盐引转为盐钞后，朝廷无节制的加杠杆和去杠杆过程彻底压弯了经济天平，对经济模型的底层建筑造成了毁灭性打击，动摇了国之根基。

如果说前文中的苏美尔金融是高度中心化的计划经济，北宋金融就是以金融手段为调控工具、着眼于产业本身的市场经济。以盐茶经营特许权为锚点，北宋朝廷连接了一些原本毫无瓜葛的产业，为一些原本封闭的行业注入了市场活力，创造了更加精细的社会化分工和价值实现方式。

理想很丰满，现实很骨感。北宋经济最终崩溃的根源还是在于制度漏洞。事实上，商人阶层最终血本无归甚至倾家荡产，原因在于错判了盐引乃至其背后的北宋朝廷信用机制，这也使得后期围绕盐钞的各类经济行为更像是空中楼阁。也许彼时没人会相信，北宋这样领先的经济体竟然会出现系统性的信用风险。

交子也好，盐引也罢，其出发点都是实现局部产业的优化，为价值实现提供便利。只不过达成既定目标后，这些被寄予厚望的工具又必须服务于某些更庞大的宏观目标。拿盐钞的杠杆问题来说，最高统治阶层必然是看到了盐钞投入使用后的种种优势，才有了"用盐钞解决所有问题"的念头。他们一定没有料到加大杠杆会引发如此恐怖的后果，他们甚至可能完全没有杠杆率的概念。

回看现代文明，类似的信用风险不是正在发生，就是即将发生。就连印钞引发的种种危机，都与北宋时期惊人地相似：通过将货币与国家信用捆绑，实现规模化印钞，刺激经济。在国家信用无法支撑其发币量时，再通过"一篮子货币"抱团取暖。这样层层递进地"补漏洞"，其终点又在何处呢？无数似曾相识的金融危机是否映射出金融精英们原地打转的尴尬现实？其实从数字货币的兴起可以看出，始终有人对现有货币信用体系心存疑虑，他们试图在货币根源处确保100%的信用，这才有了"用不会说谎的技术来衡量价值"这样充满争议的尝试。

当今各国无论是GDP（国内生产总值）总量，还是商品多样性，都与北宋不在一个量级。货币政策在各个链路的传导需要耗费更多的时间，这也让很多金融操盘者相信，"没有印钞解决不了的问题，如果有的话，那就印更多的钞票"。在可知的经济周期内转移风险，就像是为风险穿上一层层华美的服饰。但终有一天，风险会优雅地脱掉这些外衣，赤身裸体地展现在所有人面前。

时至今日,很多人根本不知道北宋金融的灵光一闪,更不知道这灵光一闪后一系列愚蠢行为导致的恶果。也许,比没有从历史中吸取教训更可怕的是,自以为已经理解了历史教训,同时盲目地认为这一次,结果会不一样。

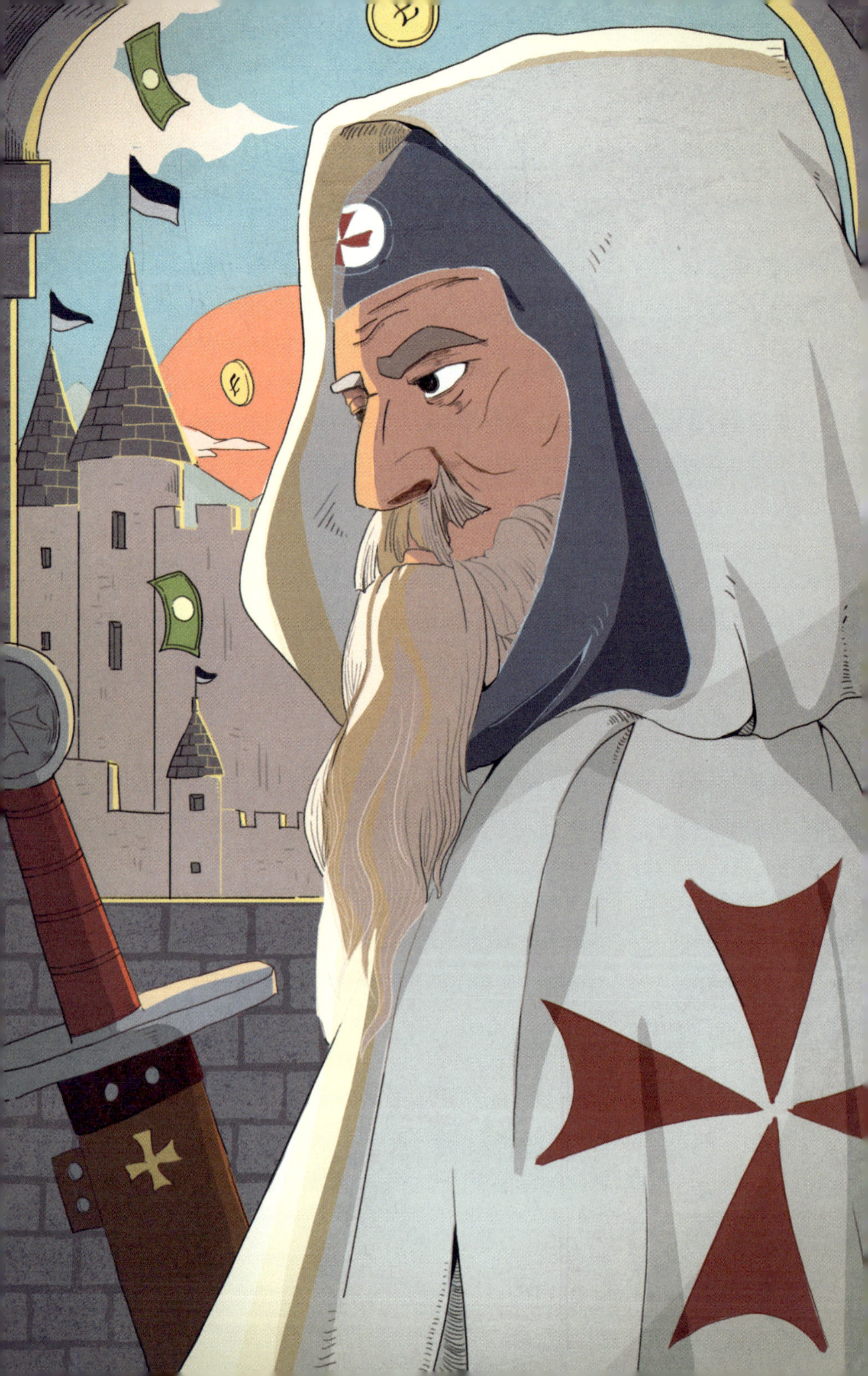

第三章

圣殿骑士团：
"圣杯"的力量

传统金融的边界就是地缘政治的边界。随着历史发展，更多迹象显示这一瓶颈无法通过模式创新来克服。或许，解决之道还是要向技术靠拢。

白色长袍、红色十字架、优雅挥剑的骑士、朝圣者们的忠实护卫、古老而严苛的入会仪式……圣殿骑士团，这个成员身份介于僧侣与武士之间，充满神秘色彩的组织几乎无人不晓。

　　只不过，人们并非因其高尚的成立初衷，或是其战场上强大的战斗力而铭记这个组织。真正让圣殿骑士团走红世界的，是一个流传甚久的故事：据说，圣殿骑士团在耶路撒冷所罗门圣殿的遗迹中发现了惊人的秘密，并从这个秘密中得到了无穷的财富和权力。

　　类似的故事不可计数，包括备受好评的悬疑图书《达·芬奇密码》，也把其终极秘密推到圣殿骑士团身上。圣殿骑士团在历史上的确是一个神秘的存在，这个神秘组织在一百多年里风光无两，又在自身声誉与影响力达到巅峰后迅速陨落。留给世人的最后遐想，就是那个燃烧着熊熊火焰的"黑色星期五"。传闻在遭受火刑前，圣殿骑士团大团长雅克·德·莫莱诅咒诬陷圣殿骑士团的法国国王腓力四世将在一年内面临永恒审判，而后者也确实在一年内死亡。这一诡异的巧合也让后人议论纷纷。

圣殿骑士团在其巅峰时期的确是一个拥有巨额财富的跨国组织，同时骑士们不受任何世俗政权的约束和管理，拥有

高度自治权。当然，这一切并非来自圣殿废墟中所罗门王的秘密，而是因为他们在机缘巧合之下创造了一套类似现代银行的商业模式，通过房屋租赁、私人物业管理、异地存取款、战争投资、借贷等混合经营的方式，成为欧洲大陆唯一的巨头级金融财团。很多研究人士认为，圣殿骑士团正是欧洲银行业的鼻祖。

这一切要从所罗门王说起。相传，这位犹太民族历史上最伟大的君王曾经协助其父亲大卫王迎回了装有《摩西十诫》的"约柜"，"约柜"作为存放上帝与以色列人之间的契约的柜子，让古以色列战无不胜。在所罗门王执政期间，古以色列王国达到了空前的强盛。而最让人津津乐道的莫过于这个传奇君王的智慧与财富，据说他无穷无尽的智慧源于其在梦中对上帝的祈祷，智慧的力量让他完成了大卫王未完成的壮举——修建供奉"约柜"的所罗门圣殿，也称第一圣殿。

在圣殿中，纯金器皿与灯具随处可见，奢华得令人叹为观止。有关财宝和圣器的传说几乎都源于此圣殿，直到今天仍然有很多人坚信，所罗门王最有价值的财宝还藏在圣殿遗址某个极为隐蔽的地方，等待探险者挖掘。就连人烟稀少的所罗门群岛，也因为和"宝藏"有着千丝万缕的联系，受到了广泛关注和追捧。在所罗门王淡出历史舞台2 000年后，昔日圣殿的废墟上建起了阿克萨清真寺,这里也就是圣殿骑士团正式成立的起点。

1095年11月,教皇乌尔班二世以上帝代理人的身份在法国南部的克勒芒郊外召开了一次宗教会议。他用充满煽动性的措辞描绘着基督教在东方的不利处境。在慷慨激昂的演讲最后,他终于道明了目标：发动一场夺回圣城耶路撒冷的圣战。紧接着，他抛出了无人能拒绝的诱惑：任何参与圣战的人，死后灵魂将直接升入天堂；无力偿还债务的农民与贫民可以免付债务与利息，出征超过一年可以免除赋税。

乌尔班二世的演讲结束后，声势浩大的第一次十字军东征拉开帷幕。这支掺杂着西欧各国正规军、骑士、农民、暴徒、

落魄者的混合军队最终在 1099 年 7 月攻陷耶路撒冷，并就地建立了耶路撒冷王国。被众人推上国王之位的戈弗雷公爵拒绝接受国王称号，而是使用"圣墓守护者"这一称号。

1100 年，戈弗雷公爵去世，鲍德温一世继位。1118 年，第三任耶路撒冷王国国王鲍德温二世继位。虽然此时的耶路撒冷被埃及和大马士革围攻，但战争无法阻止信仰的脚步，从西欧前来耶路撒冷朝圣的基督徒络绎不绝。这些朝圣者很快成为盗贼和野兽的活靶子。仅在 1119 年的复活节，就有 300 多名朝圣者被残忍杀害，60 多人被俘。

面对这样的惨剧，9位来朝圣的骑士决定做些什么。他们立志要保卫朝圣者，并在耶路撒冷的宗主教面前发誓忠诚、守贫、独身，如修道士般把身心献给上帝。就这样，宗主教赋予他们"严防盗贼和攻击者，保证道路畅通，特别是保证朝圣者安全"的职责。为了回报他们的无私付出，国王鲍德温二世将圣殿山上阿克萨清真寺的一角赐给了这些骑士驻扎。这个清真寺正好建在传说中的所罗门圣殿的遗址之上，他们顺势得名"基督和所罗门圣殿的贫苦骑士团"。至此，圣殿骑士团诞生了。

守护朝圣者的工作是危险且无利可图的，圣殿骑士们的行为很快引起了西方贵族和社会活动家们的重视。他们自发传

颂着圣殿骑士的英雄事迹，德高望重的教会活动家圣伯纳德还专门撰写了《新骑士颂》一文，迅速成为当时的"十万加"爆款文章。这篇文章也让这群新骑士得到了广泛关注，开始有贵族主动为他们提供金钱和土地方面的无偿资助，甚至心甘情愿放弃财富加入他们的事业。比如安茹伯爵富尔克以已婚兄弟身份加入圣殿骑士团，并愿意每年向骑士团捐赠30镑银币；香巴尼伯爵休"情愿放弃万贯家财而变成穷人"，也要加入圣殿骑士团。这些人的加入进一步扩大了圣殿骑士的影响力。

有了影响力、土地和财产，圣殿骑士团得以迅速扩张。同时，圣殿骑士团让教会看到了一种新的可能性：其神圣的外在形象有助于提升教会的美誉度，而武教合一的存在形式则为教会维护神权提供了武力支持。毕竟在此之前，教会与神权需要借助欧洲诸国的王权来维持，为此，教会不得不在错综复杂的势力中周旋。如果把圣殿骑士团扶持成自己的有生力量，现有的权力天平必然会向教权倾斜。

更戏剧性的说法是，圣殿骑士团的成立初衷就隐藏着巨大的秘密。种种真实证据表明，圣殿骑士团曾在圣殿山进行了大量挖掘工作，但没有人知道他们究竟找到了什么。天外奇石、耶稣最后晚餐时用过的酒杯、耶稣的后代谱系、刺死耶稣的罗马长矛……各种说法数不胜数。总之，这类说法把圣殿骑士团的力量源泉指向一些非自然的发现，或是传说中的宝藏。

根据纪录片《圣经秘密》，时任圣殿骑士团大团长的雨果·德·帕英于1129年突然离开圣地，前往法国参加特鲁瓦会议，会议上教宗承认了圣殿骑士团的地位。

1139年，教宗英诺森二世公开赐福圣殿骑士团。此后，英诺森二世和继任教宗进一步明确了圣殿骑士团的特权：只对教宗负责，任何国家君王无权指挥圣殿骑士团或是要求他们纳税，圣殿骑士团有权在自己的土地上收取什一税，也可以在对外放贷时收取利息（当时对于普通人和机构来说，收取利息是非法行为）。巨大的放权背后，究竟是教权的政治博弈，还是圣殿骑士团发现了什么惊天秘密以此要挟教会，至今仍有不少猜测。

唯一可以确定的是，拿到了史上最具性价比的特许经营权后，圣殿骑士团开始展现他们在金融方面的天赋。土地租赁与物业托管、名誉头衔赞助费、什一税收入成为骑士团的三大现金流业务。不过千万别误会，这些现代金融名词当时还没有被发明出来，骑士们只是在发展的过程中无意触发了类似的商业模式，率先领略了金融炼金术的恐怖威力。可以推测，或许正是这种不同于野蛮掠夺、战争赔款的财富收集方式，让圣殿骑士团走上了一条有别于任何武力机构的道路，他们看待世界的视角也发生了根本性改变。

依托于贵族们的捐赠，圣殿骑士团的土地和房屋租赁业务开始运营，他们的影响力和口碑吸引了更多贵族将自己的土地和房屋交给骑士团经营打理。越来越多怀揣英雄主义梦想的贵族渴望成为一名圣殿骑士，这种渴望使得他们愿意交出财富以符合圣殿骑士"守贫"的要求，而他们交出的财富自然归骑士团主体所有。什一税是基督教社会的传统，教会利用《圣经》中农牧产品的1/10"属于上帝"的说法，向基督徒征收此税，对于骑士团来说，这也是一笔不菲的收入。与传统王权的税收体系相比，圣殿骑士团的敛财方式更加有理有据，纳税人和捐赠人都不会有任何异议。毕竟在世人面前，圣殿骑士始终保持着简朴守贫的生活，世人都相信自己捐献的钱财被用于更加神圣的目的，而非进入某个人的腰包。

在这些业务之外，圣殿骑士团还在日常工作中发现了商机：对于络绎不绝的朝圣者来说，随身携带财物是一种危险行为，在保护朝圣者人身安全之外，理应通过某种模式保障他们的财产安全。于是圣殿骑士团发行了一种票据，帮助这些朝圣者保管资产。朝圣者可以在出发地的骑士团据点将财产兑换成票据，到达耶路撒冷后在当地的骑士团据点凭借票据兑出等额资产。当然，骑士团会收取大概一成的手续费，而朝圣者们大多愿意为此付费。圣殿骑士团很快就发现了这一模式的吸金效率，在各地大量复制。任何跨国出行的人和组织，都可以通过这种票据轻松实现资产的跨时空转移。

需要明确一点，这一模式能够复制的根本原因是，骑士团在各地都有大量现金资产可供兑换。同样，这些资产不属于各据点的负责人，而是归整个骑士团所有。因此在对账时，几乎不会出现中饱私囊的情况，这也让跨地区的合作协同变得更加顺畅。没有内部腐败，也省去了风险控制方面的成本，这正是圣殿骑士团快速实现信用积累的核心竞争力。

随着圣殿骑士团的资产规模和人员规模指数级上升，这一特殊组织有了更大的野心，发动和参与宗教战争就是其中之一。虽然骑士团富可敌国，但每位圣殿骑士却始终忠诚、守贫、独身。宗教对他们的个人行为产生了巨大的约束力，这直接使得他们的战斗力远超普通骑士。在武器装备方面，他们背后的强大资本力量可以提供顶级的装备，这种资本输血能力几乎是源源不断的。所有人都惊讶地发现，圣殿骑士团无论参与怎样惨烈的战争，他们的人员和装备总是会迅速恢复到巅峰状态。这就像是恐怖的波斯不死军团一样，令对方闻风丧胆。

在战场表现方面，很多有战场经验的贵族骑士和精英阶层针对圣殿骑士团的特性开发了许多战术。这些战术帮助他们把装备优势最终变成了战力优势，如通过特殊的冲击阵型让骑兵以"V"字形冲散步兵方阵等，这些从未出现在战场上的新型作战方式取得了不俗的成绩，不少欧洲国王特别邀请圣殿骑士团参与训练自己的部队。

在战斗中，圣殿骑士有着极强的纪律性，不存在私自投降与撤退行为。所有走上战场的圣殿骑士都是上帝的战士，这种信仰与荣誉感让他们战无不胜。正是基于此，很多分析人士坚持认为圣殿骑士团是现代特种部队的前身。这些骑士既是以一当十的战士，又可以摇身一变，成为运筹帷幄的指挥官。

但是要知道，圣殿骑士团与传统武装组织最大的区别就是他们懂得通过金融模式发展壮大。慢慢地，圣殿骑士团发现金融的力量远超个人的战力。他们开始通过财务投资的方式支持基督世界的战争，还成了许多国王的债权人。

有理由相信，圣殿骑士团在规模壮大的同时，内部也产生了进化，骑士们有了不同的职业发展方向，那些在后方为骑士团提供资本运作的分支才是真正的精锐。有一种说法是，这些善于计算、书写和金融统筹的骑士被称为"绿袍骑士"，他们才是圣殿骑士团的精髓与灵魂所在。正是这些特殊的脑力骑士，使得圣殿骑士团低调地完成了由明转暗的过程，让骑士们脱下铠甲、放下长剑，成为欧洲金融行业重要的幕后参与者。

随着圣殿骑士团走上巅峰，一些风险也在持续堆积。如今的圣殿骑士团还是当初那个圣殿骑士团吗？最初教会扶持圣殿骑士团，其用意在于扶持自己的武装力量。然而随着圣殿骑士团的不断膨胀，它已经成为传统教权、王权之外的权力第三极，圣殿骑士团大团长的权力在某种意义上甚至超越了一些国王。加之12—13世纪，圣殿骑士团大量修建具有圣殿骑士团风格的教堂，种种迹象让传统教会开始质疑他们对基督教的虔诚。圣殿骑士团的存在，让王权和教权都感觉非常别扭。再加上它还是很多国王和贵族的债主，这种滋味别提有多难受了。

忽然间，上帝的眷顾似乎停止了。在法国国王腓力四世的策划和教皇克雷芒五世的默许下，一场针对圣殿骑士团核心人物的秘密逮捕拉开序幕，腓力四世以异端等罪名拿下了以时任圣殿骑士团大团长雅克·德·莫莱为首的全法国的圣殿骑士团骑士，并把他们送上了火刑柱。

在这之后，腓力四世欠圣殿骑士团的巨额债务自然不了了之。墙倒众人推，各国纷纷加入反对和逮捕圣殿骑士团的风潮，圣殿骑士团迅速没落。法国和其他地区幸存的圣殿骑士很快销声匿迹，一同消失的还有他们惊人的财富。这也成为圣殿骑士团最大的疑团：一些圣殿骑士团风格的建筑、标示物、仪式至今仍然时有出现。阴谋论者认为圣殿骑士团的残部和传承者，还在用独特的方式对世界施加影响力。

一种激进的观点认为，圣殿骑士团与数字货币有着千丝万缕的联系，原因就是二者都主张一种无政府主义票据。且不讨论这种说法的合理性，其背后的逻辑其实值得深思：在11世纪，能够横跨多个国家的金融财团为何只有圣殿骑士团，而非某个国家的独立组织？真的是因为圣殿骑士团有什么远超同时代的金融思想吗？其实未必。主要原因在于，彼时的欧洲诸国明争暗斗，它们不可能像圣殿骑士团一样建立跨国的网点，更别提让这些跨国营业网点的资产储备规避跨国监管，实现高度协同。

如果不考虑那些神秘主义因素的影响，其实圣殿骑士团在金融领域的发展壮大存在着大量偶然性。或许就连赋予他们种种权力的教会，都没有意识到这些权力会产生滚雪球式的财富效应。另一方面，社会活动家的舆论支持和贵族们的土地捐赠，促使圣殿骑士团在守护朝圣者的主业之外发现了商机。这才有了涵盖信用票据、地产租赁、领地税收、有息消费贷款、战争投资、地产投资的超级金融版图。而且圣殿骑士团几乎不会出现坏账风险，这令现代银行家羡慕不已。对于他们的客户来说，把神作为违约对象是一件不可饶恕的事情，就连很多大权在握的国王都不会轻易与主教翻脸，毕竟多数人始终把圣殿骑士团与教会当成关联方。

从这种金融模式来看，圣殿骑士团的奇迹绝对不是自上而下的规划金融，更像是在野蛮生长中自发形成了规则。对于当时的整个西欧来说，这几乎是第一次认识到金融业的巨大能量，这种能量几乎凌驾于任何权威。由此判断，诸王与教会如果无法复制圣殿骑士团的辉煌，就不能允许这种具有威胁性的机构存在，相比之下，法国国王的个人债务只是一个小小的导火索。

从已知的史料来看，圣殿骑士团对欧洲金融的发展有着很多进步影响，其相关业态几乎就是现代金融文明的雏形。某种意义上，圣殿骑士团的金融模式与苏美尔文明的神庙经济有些相同点：依托于神权打造出一套信用体系，达到远超传统商业的生态稳定性。但说到底，圣殿骑士团本质上还是由一个个圣殿骑士组成的，他们与神之间的纽带并没有想象中那么牢固。

值得深入思考的是，假如圣殿骑士团不是由人组成，这种金融业态能否发展壮大？圣殿骑士发誓守贫，但核心团队无法平衡心中信仰与日渐庞大的骑士团财富总量之间的关系。假如这是一个由中立技术驱动的跨国组织或金融模型，就可以更加无私地为朝圣者运作下去。

这听起来是不是有点像区块链的工作原理？基于某个积极

正义的目标，聚合并客观记录所有工作者的劳动力，可视化地反映有效劳动力的归属，并且在产生劳动果实后公平分配收益，这就是区块链带来的一场革命：以技术手段重塑组织形态，不让个人意志和少数人的利益挟持这一目标的实现。正是基于这样的逻辑，很多人坚定地认为区块链与圣殿骑士团存在某种联系。

圣殿骑士团的故事告诉我们，传统金融的边界就是地缘政治的边界。随着历史发展，更多迹象显示这一瓶颈无法通过模式创新来克服。或许，解决之道还是要向技术靠拢。

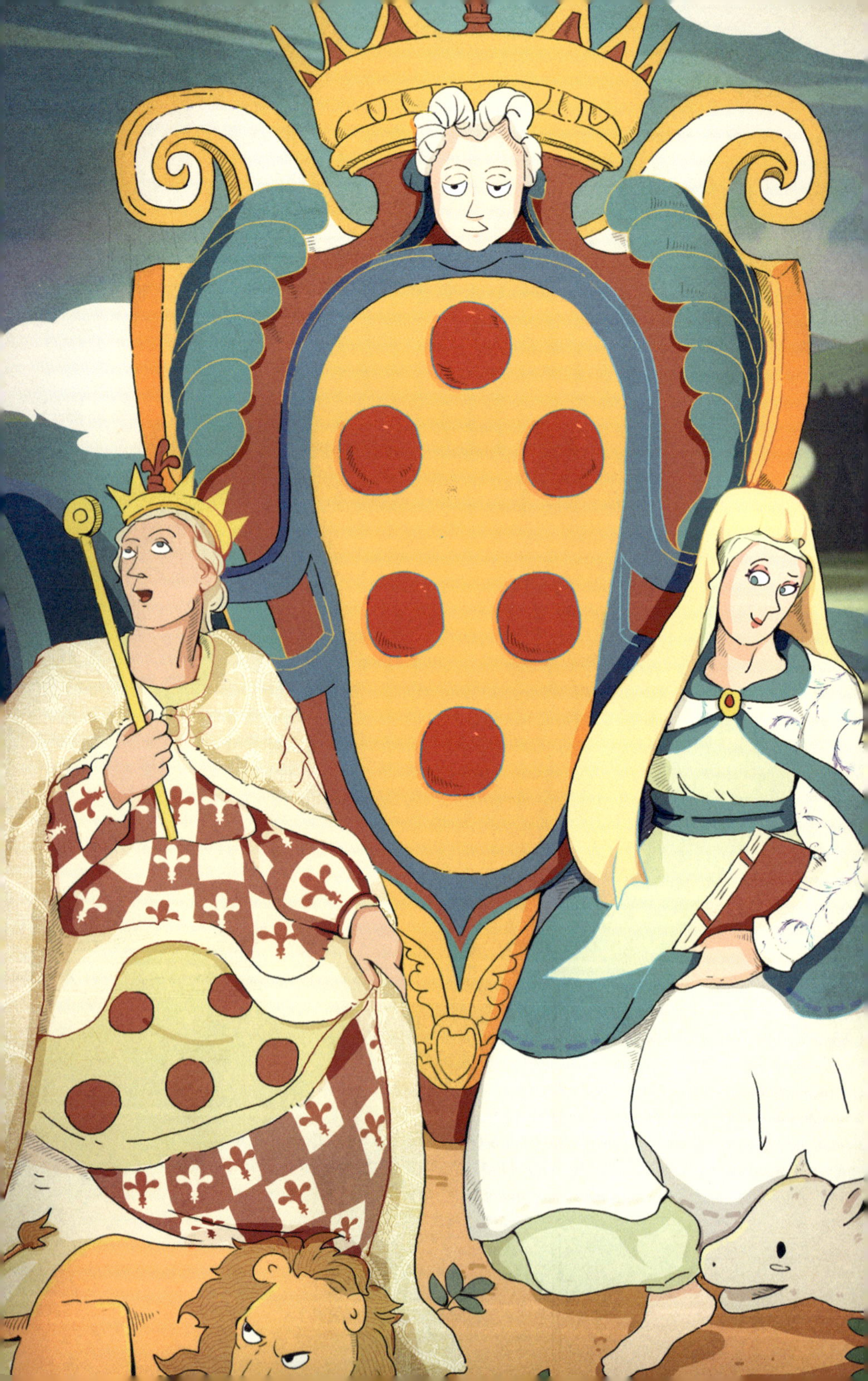

第四章

美第奇家族：
诸王的债主

于未来金融而言，如何避免制度漏洞所酿成的金融惨剧、阻止偷腥者窃取劳动者的价值，是一个值得深思的课题。区块链的出现恰逢其时，在理想状态下，一定范围内的贸易可以通过"上链"公平完成，不再需要复杂的货币兑换与结算，让交易双方都能独享自己创造的价值。

在关于美第奇家族的诸多故事中，有一个传说从不缺席。

在8世纪，有一位效忠于查理大帝的骑士，名叫阿伟拉多。同时期，一个极具威胁的巨人隶属于敌对势力，他恐怖的巨大身形和标志性的狼牙棒无不让人闻风丧胆。阿伟拉多在某一天向这个巨人发起了一对一挑战，他们在佛罗伦萨一个僻静的山谷进行了决斗。每当巨人抡起他可怕的狼牙棒时，阿伟拉多总能敏捷地闪避，并时不时用随身携带的盾牌格挡。最终，阿伟拉多找准时机杀死了巨人。

决斗过后，查理大帝对阿伟拉多的英勇行为进行了嘉奖，并准许他将格挡狼牙棒而产生的盾牌凹痕作为个人勋章传承下去。骑士阿伟拉多及其后人在莫杰洛山谷定居下来，与后来的"现代科学之父"伽利略、"欧洲绘画之父"乔托·迪·邦多纳、画家弗拉·安杰利科共享这片土地孕育着的自然灵感，在各自的领域创造了属于自己的传奇。

有人认为美第奇家族的金底红球徽章就源于阿伟拉多的盾牌凹痕。相信会有人发现，故事中的阿伟拉多与《圣经》中挑战并击败巨人歌利亚的牧童，也就是日后的大卫王，高度相似。我们暂且不去深究这个故事的真实性，回到主题，如果说美第奇家族和骑士阿伟拉多有什么共同点，那就是他们都用某种高明的技巧以小博大，最终走向事业的巅峰。

在美第奇家族如日中天时，有一个流传甚广的说法：除了上帝之外，所有人的名字都记在了美第奇银行的债务册上，就连诸王也要向美第奇家族致敬。纵观历史，富可敌国的家族为数不少，而美第奇家族与众不同的闪光点在于，他们通过自己积累的财富，大大推动了欧洲文艺复兴事业的发展。包括达·芬奇、马萨乔、米开朗琪罗、拉斐尔在内的多位艺术巨匠都接受过美第奇家族的资助。某种意义上说，美第奇家族才是艺术领域不计回报的天使投资人，甚至有分析人士认为"没有美第奇家族，就没有文艺复兴"。

曾经名不见经传的美第奇家族究竟是如何崛起的？他们怎样发现了金融世界的钥匙？这个没有任何贵族血统可以追溯的家族，又是如何一步一步走向权力中心的呢？

在切入正题前，我们先来回顾一下美第奇家族登上历史舞台前的大环境。12世纪中叶，此时距西罗马帝国灭亡已经过去了7个多世纪，法兰克王国也早已解体。西方文明陷入混沌，神权与王权之间的暗流涌动也为这片大陆蒙上了阴霾。此时此刻，拜占庭帝国（东罗马帝国）辉煌不再，其作为军事强国和贸易枢纽的地位都在迅速衰落，其曾经的附属国威尼斯利用自己的贸易优势和海军力量实现了独立，不再对拜占庭帝国唯命是从。海洋贸易的兴起也为新的金融生态带来了更多可能性。

而佛罗伦萨虽然没有威尼斯的港口优势，却凭借开明包容的营商环境、古罗马风情建筑得到了"新雅典"之称，吸引了大量外来人口。来自东方的香料、丝绸等珍贵货物都要在这里周转，于是佛罗伦萨的日常商贸与货币结算量大幅提高，供需关系的自我进化产生了金融创新所需要的各类基础设施。甚至在数百年之后，现代会计学中的借贷记账法也源自佛罗伦萨。

此时的美第奇家族，大概只是金融创业大潮中的一叶扁舟。美第奇家族的查尔斯西莫出现在1201年的一份合法文件上，这也是美第奇家族在佛罗伦萨历史上的首次文字记载。结合这一时期的历史背景，不难推测，查尔斯西莫大概是通过本土羊毛纺织业进入商界的，随着生意规模壮大，开始向货币兑换业务发展。

要知道，想在佛罗伦萨开展商业活动，和更多跨国商队做生意，就必须按照对方的货币规则完成交易。于是货币兑换业务就成了一个美差，经营者（前提是取得货币兑换同业公会的成员资格）通过货币兑换服务向客户收取手续费。这项业务虽名为货币兑换，却可以把高额利息一并纳入其手续费的范畴。但是货币兑换在名义上并非贷款业务，这就有效规避了教会对于高利贷的限制（不久前放贷业务还是圣殿骑士团的专属权利）。于是，货币兑换成为一项利润丰厚的擦边球业务。

这项业务在商业井喷期的利润可想而知，美第奇家族借此实现了财富的指数级积累。值得一提的是，当时仍有很多商人的货币兑换业务被公众发现存在猫腻，从而被打上了高利贷商人的标签，失去许多教会权利，同时被认为是卑鄙之人，狼狈而终。美第奇家族则幸运地度过了这一时期，对底层人民的善意使得他们积累了不错的口碑。接下来的 100 多年里，不甘于被视为暴发户的美第奇家族开始尝试向政界靠拢。

就在美第奇家族继续向权力与财富中心发起冲锋时，外部的商贸环境一片大好，贵族们对东方稀缺商品的采购量仍然在上升，很多富甲一方的商贸家族开始成立私人银行，以此方便商品支付与结算。为了进一步促进商品销售，他们开始向佛罗伦萨之外的贵族与国王提供有偿贷款服务。

这种超前的金融业态的发展并非一帆风顺，由于缺乏风险控制意识和强制还款的武力支持，很多佛罗伦萨私人银行因为

坏账而倒闭。其中一位著名的借款人正是英法"百年战争"的始作俑者爱德华三世，他欠银行的债务高达"一个王国的价值"，最终这家银行背后的佛罗伦萨三大家族相继破产。然而，这些银行家相比于贷款给法国国王腓力四世、最终遭遇毁灭性打击的圣殿骑士团来说，还是幸运很多的。至少，他们没有被送上火刑柱。

祸不单行，14世纪初黑死病横扫欧洲大陆。这场吞噬掉1/3欧洲人生命的可怕瘟疫，改变了欧洲的社会结构，劳动力大量缺失之后，市场经济迅速崩溃。当药物治疗和祈祷都无法阻止死亡人数不断增加时，人们开始重新审视自己的宗教信仰以及生命的意义。而这场灾难也为文艺复兴的出现埋下了伏笔。

在旧有权力金字塔崩塌后，人丁旺盛的美第奇家族迅速涉足原本处于真空状态的金融业务。他们的银行依托血缘关系这种强有力的契约，形成利益共同体，在存取款、外币兑换、商业汇票、供应链金融等方面大放异彩。多元化的经营模式让美第奇银行实现了惊人的资产累积速度，他们还参与投资传统行业（如本土的羊毛纺织业），为海洋贸易提供保险服务，为贵族客户采购丝绸和珠宝首饰等。至于美第奇银行各支行间，也可以进行商业合作，但一切都限于公事公办的范畴，并严格执行记账和支付流程。此时的美第奇银行已经具有成熟的商业模式。

在某些赛道中，美第奇家族并不拒绝那些有潜力的投机项目，但多元化的经营组合对冲掉了这些高风险项目可能造成的损失。为了进一步提高竞争力，美第奇银行向普通员工提供晋升为合伙人的上升窗口：员工只要取得优异的业绩就可以成为合伙人，享受高额的分红。在创建这种组织架构时，他们对这两种职位进行了清晰的定义：雇员"出卖时间和劳动力换取报酬"，因此可以拿到底薪，但无权参与分红；合伙人需要与美第奇银行荣辱与共，因此并没有底薪一说，但合伙人可以得到一笔保证基本生活的费用，并且享受分红和特殊津贴。他们所得到的分红，是和实际利润息息相关的高额奖金。合伙人的合同效力也优于雇员，只要没有重大过错，几乎不会被解聘。

更具创新性的是，雇员和合伙人都可以凭借能力做到分行经理的位置，这大大提高了员工积极性。即使暂时没有成为合伙人，雇员也可能升职加薪，继续积累并向成为合伙人而努力。这种模式创新领先于同时代的银行系统，优秀的人才纷纷加入美第奇银行，因为他们渴望从打工者晋升为初级合伙人甚至高级合伙人，参与重大项目的决策。

随着商业版图不断扩大，美第奇家族当时的领军人物乔凡尼·美第奇进行了一次大胆的冒险，将活动资金押注于一位声名狼藉但极其善于活动的教会人士。在数年时间里，乔凡尼为这个名为巴尔达萨雷·科萨的教会人士提供挥霍享乐的资金。如今，我们已经无从追溯乔凡尼为何选中这个人，但事实证明这是一次超值的押注。1410 年，巴尔达萨雷·科萨成为罗马教皇（若望二十三世），而梵蒂冈顺势成为美第奇银行身份最显赫的客户。有了这一层背景后，美第奇银行成了主教区经济活动的承接银行，并且得以打理教皇圣库和高级教会人员的私人财产。后来，美第奇银行还和教廷一起尝试垄断明矾生意。

打理教廷财产是一项非常诱人的业务。要知道，教皇的收入来源遍布整个欧洲，所有基督教会在某种意义上都是罗马教廷的"子公司"。再加上朝圣者和慷慨的捐赠者，现金源源不断地流向罗马教廷。教廷自然需要银行家对这些资金进行运作和转移，而这也成为美第奇银行向整个欧洲扩张的一个契机。

不过说实话，打理圣职人员的账户并不总是一门好生意，某些权贵人士在美第奇银行的账户经常负债累累，而没有什么可供打理的资产。教廷的借贷行为更是受到保护，因为银行不可能向教皇收取借贷利息。但美第奇银行似乎把这类坏账视为分内事，用自己的财产帮助这些挥金如土之人填补窟窿。窟窿太大的时候，他们也会"曲线救国"，比如向教会高价出售羊毛纺织品，把部分欠款摊入溢价。对于那些在教权竞争中落马的主教，美第奇银行也能做到始终如一，给予其应有的待遇。

美第奇银行这种超时代的契约精神（当然这是一种选择性行为，在大部分场合下，他们更重视风险控制，不愿意过度冒险）使其长期保持着教廷指定银行的地位。因为与教廷方面的特殊关系，美第奇银行得以接触到更高级的大客户。就算是那些"高贵的违约者"，在美第奇银行也必须谨慎借贷，收敛自己赖账的坏毛病。他们不得不考虑到一种可能，如果自己的恶行被教廷公开指责，会产生巨大的政治隐患。可以说，这是一种依托于教权的特殊风险控制机制，在其时代背景下有着难以想象的绝佳效果。

在银行业顺风顺水的同时，美第奇家族也没有停止在权力场的角逐。他们逐渐成为佛罗伦萨的统治者，不断修建教堂、图书馆、学院等公共设施。而这些重要建筑物上的装饰品和壁画也为同时期的艺术家们提供了舞台。有了美第奇家族的资助，巨匠们的才华得以施展，建筑、绘画、科学、文学……15世纪佛罗伦萨的顶尖艺术家，几乎都和美第奇家族保持着良好的关系。

据统计，在300多年里，美第奇家族累计出现过四位罗马教皇、两位法兰西王后、多名佛罗伦萨统治者和托斯卡纳大公。在许多欧洲国家的王室中，也有美第奇家族成员的身影。只可惜在巅峰期过后，美第奇家族陷入了凶险的地缘政治博弈。随着社会信用坏境紧缩，美第奇银行的坏账也在明显增加，其欧洲分行的利润开始大幅度下降，甚至入不敷出。

在如此不利的局面下，美第奇的继任者们还丢掉了这个家族赖以生存的某些特质，表现出纨绔子弟的一面。在缺乏经营手段，又无法应对政治问题的内忧外患下，美第奇家族迅速衰落。在佛罗伦萨银行业又一次出现整体崩盘时，美第奇银行没有像之前那般幸运。银行无法继续经营，在影响力日渐低下后，出现了大量坏账。最终在对外战争失利后，美第奇家族被政敌逐出佛罗伦萨。往日的浮华，已经是过眼云烟。

受一些影视剧和阴谋论者的影响，一部分人对美第奇家族发家史的认知停留在政治投机上。也难怪，从美第奇家族出现到崛起，其间存在太多留白，难免引人遐想。甚至存在一种有趣的说法，认为圣殿骑士团残部曾秘密与美第奇家族接触过，这才让美第奇家族在银行业的发展犹如"开挂"。在这一章，我们刻意弱化了美第奇家族的神秘色彩，而是聚焦于美第奇银行在金融创新方面的探索。总结一下，美第奇家族有如下几点突出贡献。

首先，美第奇银行的合伙人制度具有划时代意义，甚至成为未来商业模型的重要参考系。其共享共赢、按照贡献值论功行赏的模式，彻底破除了传统意义上的论资排辈。而且美第奇银行非常注重品牌价值，没有在利益面前短视。在上百年里，美第奇银行成为教会和各界人士心中的首选银行，他们善于经商理财，同时对客户保持绝对的忠诚。

其次，美第奇家族通过多元化的经营方式赚取收益，并将这些高额收益注入实体经济。这些宝贵经验对于金融行业的发展起到了积极的推动作用，也让后人看到了金融赋能传统行业的可能性。说起来，就连文艺复兴也只是这一过程的附属品。

事实上，美第奇家族的这一系列行为，还是带有逐利的影子。比如他们资助艺术家的初衷是让众人惊叹于这些公共设施上的华美艺术品，同时记住美第奇家族的贡献。美第奇家族通过这种特殊的公关行为，强化了其在民间的政治影响力。

最后，美第奇银行吸取前人经验，有意识地进行风险控制尝试，他们没有盲目地投资于高风险行业，也没有向那些徒有其名的贵族们提供贷款和垫付服务（除了他们的教会朋友）。正因如此，在同时期很多家族银行因为坏账倒闭时，美第奇银行才可以屹立不倒。

值得思考的是，让美第奇家族赚取第一桶金的货币兑换业务，是金融界的一个阶段性产物。这一业务本身似乎没有太多实质性价值，反而类似于坐地起价的"黄牛党"。试想一下，如果当时佛罗伦萨乃至整个欧洲大陆有了类似于黄金、数字货币等约定俗成的贸易支付工具，可能也就没有美第奇家族什么事了。

深究下去，美第奇家族的货币兑换业务其实就是利用了信息不对称：在缺少监管的低透明度环境下，兑换平台可以双向抽成，甚至是空手套白狼，"窃取"交易双方的利益。好在美第奇家族合理利用了这些"风口上的钱"，创造出了远超金钱本身的价值。再进一步讲，佛罗伦萨的对外贸易其实正是全球化的一个缩影，在多元化的货币体系下，有人借助制度漏洞不劳而获，有人却有可能在付出劳动力后还是一贫如洗。更加极端的例子比比皆是。于资本大鳄而言，金融只是一场极具刺激性的游戏；但是对于金融链条最底层的参与者来说，这是关乎生死的剧变。

相信有很多人会认同，这绝对不是危言耸听。于未来金融而言，如何避免制度漏洞所酿成的金融惨剧、阻止偷腥者窃取劳动者创造的价值，是一个值得深思的课题。区块链的出现恰逢其时，在理想状态下，一定范围内的贸易可以通过"上链"公平完成，不再需要复杂的货币兑换与结算，让交易双方都能独享自己创造的价值。当然，数字货币和区块链在现阶段还是难当大任，参差不齐的创业公司更是让这一技术理念变得真假难辨。毕竟我们并不需要凭空造出来的钱，而是需要一种透明公开的思维，这才是现有金融世界迫切需要的"活水"。

也许以区块链为代表的全新金融理念有其历史必然性。至少，这种可能性让普通人看到了公平参与金融市场的机会。在金融垄断愈发严重的当下，希望尤瓦尔·赫拉利在《人类简史》中的预言永远不会应验：最后，只剩下神一样的他们，和蝼蚁一样的我们。

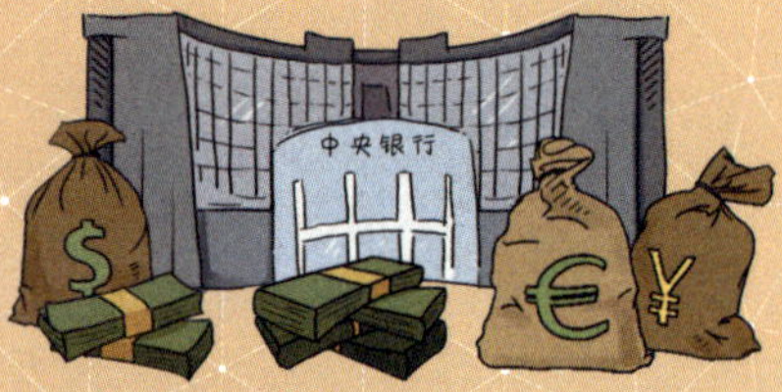
中央银行

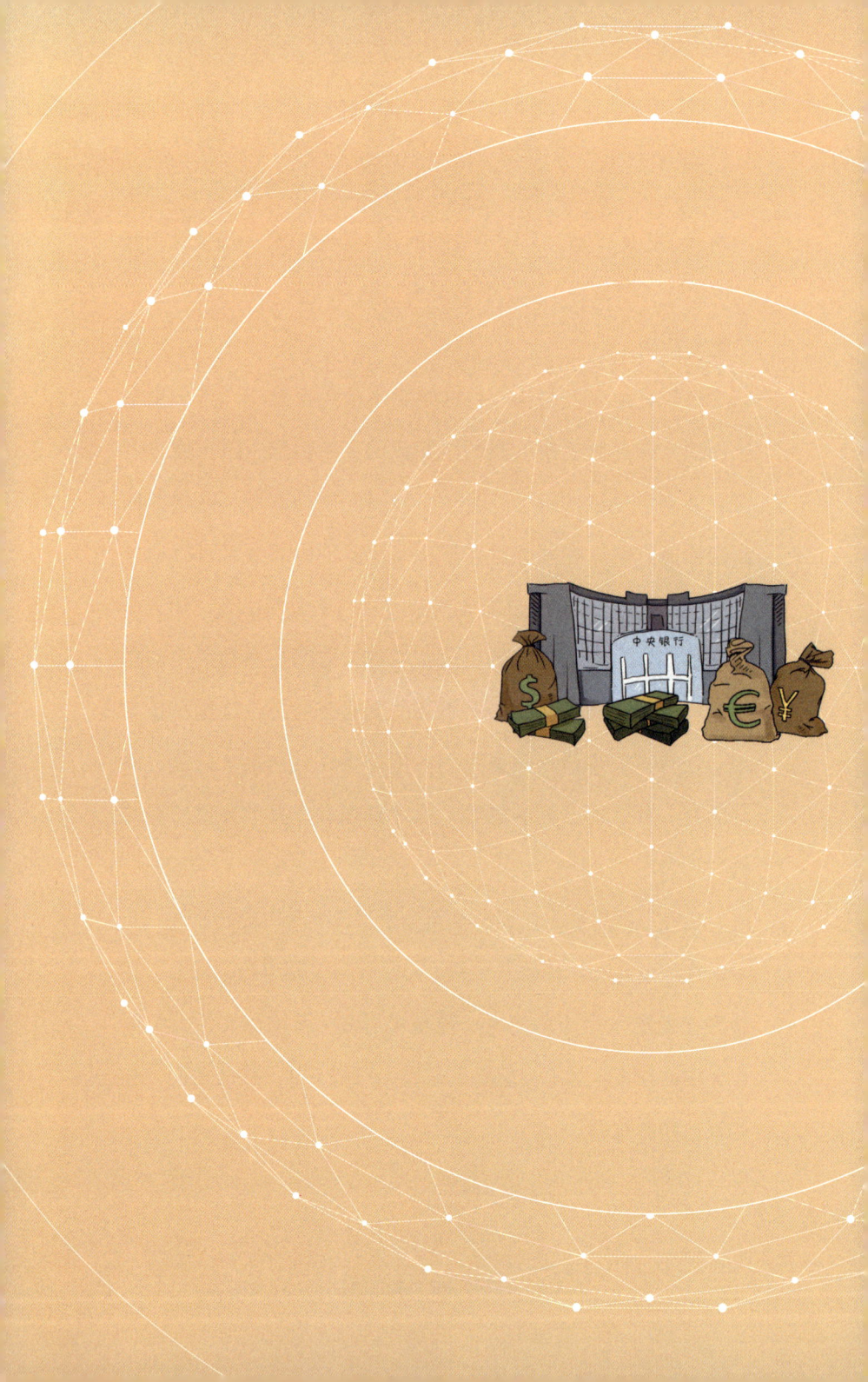

第二部分

光明与阴影

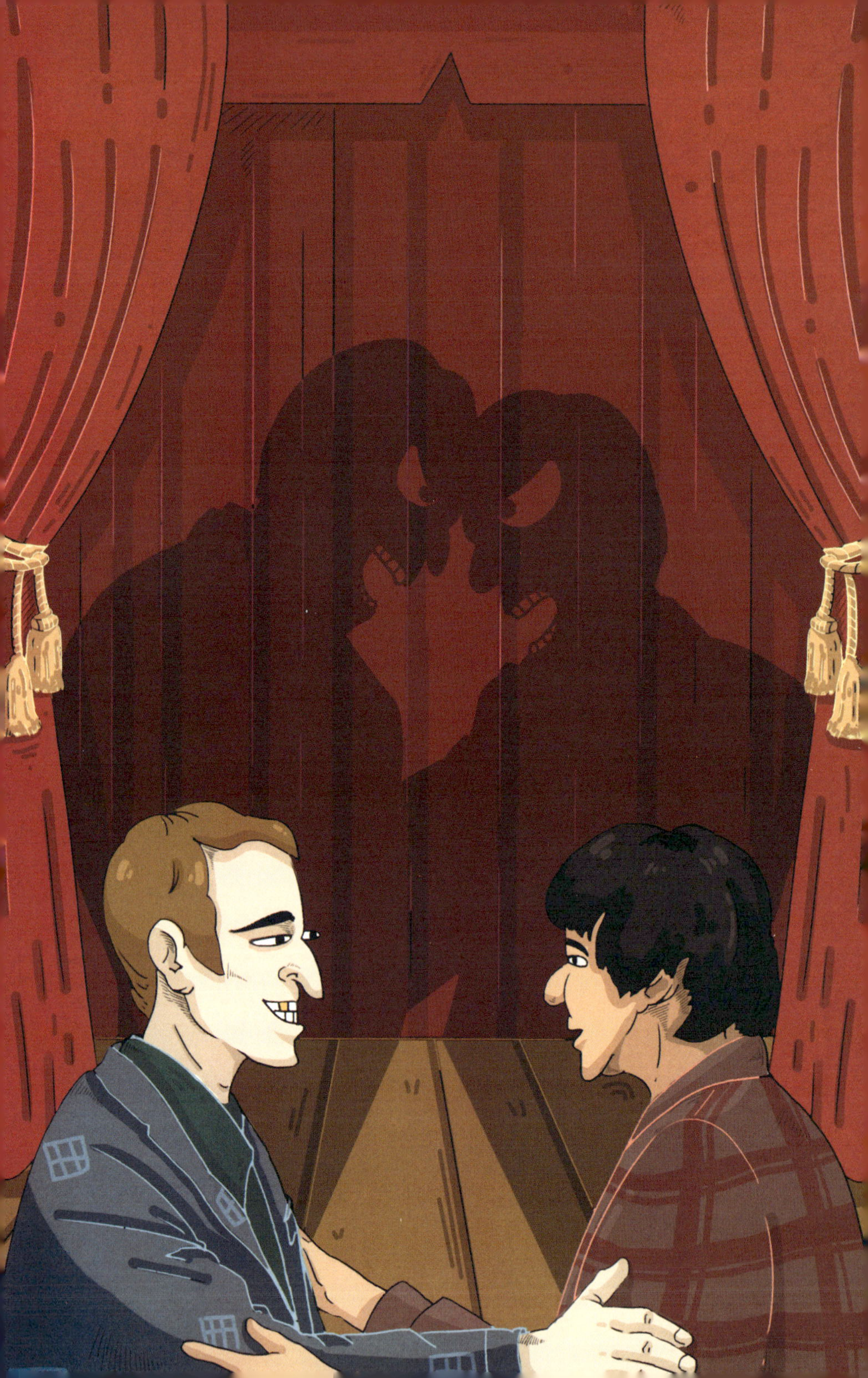

第五章

东印度公司：
金融战争的影子

资产泡沫开始以前所未有的速度膨胀。那些在泡沫中安然入睡的投资者们，也终将随着泡沫的破裂而向下坠落。只不过现在，所有人都没有意识到这场悲剧的命运轮盘已经启动。

在很多以 17 世纪为背景的影视剧中，经常会出现一个名为"东印度公司"的主体。比如在风靡一时的黄飞鸿系列电影《黄飞鸿之南北英雄》中，东印度公司就是邪恶与腐败的化身。不可否认，东印度公司在相当长的时间里，扮演着殖民地掠夺者的角色，对印度等殖民地大肆搜刮。在得到了本国给予的贸易垄断权后，东印度公司贪婪地在殖民地攫取资源，对殖民地居民巧取豪夺、敲诈勒索，甚至为了争抢稀缺资源随意屠戮居民。这些带血的利润最终变成了东印度公司武装自己的战舰和佣兵，其规模强大到可以独立发起战争。所谓的公司，其实是很多殖民地实质意义上的统治者。

必须说在前面的是，东印度公司敛财的手法及其权势的积累过程都不在我们讨论的范畴之内，更不值得半点推崇。直截了当地说，东印度公司的很多暴行简直令人发指，几乎玷污了"公司"二字。但东印度公司作为世界上最早的股份制公司，有研究和解剖的价值，了解它背后的资本运作规律，有助于理解现代商业的发展过程。所以我们希望分析东印度公司出现的历史背景、股份制的由来，以及在激烈的海洋贸易竞争中，不同隶属的东印度公司怎样通过股东侧改革应对挑战，提高其核心竞争力。

在哥伦布于15世纪发现新大陆后，来自不同地域的物种以前所未有的数量和速度交融在一起。哥伦布返航后，即使是最保守的国家也开始意识到，在大洋彼岸隐藏着无数的伊甸园等待探索。

葡萄牙航海家达·伽马于1498年抵达印度，满载香料和宝物而归的达·伽马成了葡萄牙人的骄傲，而印度也顺势成了葡萄牙王室的"私产"，垄断东方香料贸易让王室成员取得了巨额收益。在这一时期，神秘的东方香料成为一种价格高昂的稀缺调味品，也因其背后所象征的权势和财富，成为贵族阶层攀比炫耀的工具。

意识到香料贸易的重要价值后，葡萄牙国王迅速完善航路的基础设施，修建港口和据点，并把通往东南亚地区的航路视为最高机密，严禁对外披露。但香料贸易很快滋生出新的问题。

一方面，当时的航海探险一般由葡萄牙王室或者国王私人资助，航海探险成功与否、带回的货物和财富如何分账都不清楚，九死一生的冒险家们在巨额利益面前自然会动一些歪心思，他们会与港口官员合作，中饱私囊。另一方面，葡萄牙本身的经济和人口情况不容乐观，海洋贸易产生的高额利润又被浪费在奢侈品消费和对外战争上。

在接下来的几十年里，葡萄牙用尽了自己依靠垄断香料贸易积累的先发优势，其航路的秘密也逐渐被英国、荷兰等海权国家破解，葡萄牙作为"香料二道贩子"转手就能获得高额利

润的好日子一去不复返。在这一阶段，英国与荷兰围绕印度市场不断较劲。英国通过具有争议的海盗模式对葡萄牙商船进行大肆掠夺，积累了大量财富。荷兰厚积薄发，1581年摆脱西班牙统治后深耕造船业与航海技术，形成了造价低廉且船只运载能力极强的造船业。在1598年前后，荷兰成立了十余家亚洲贸易公司。

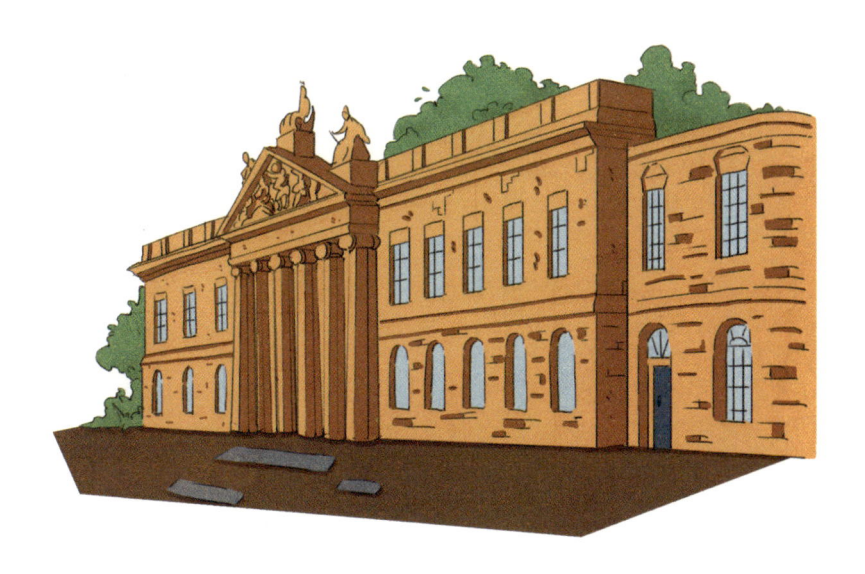

就在荷兰人开足马力奔赴亚洲市场的同时，不列颠东印度公司在1600年12月31日正式成立，公司获得了由英格兰女王伊丽莎白一世授予的皇家许可状，给予它在印度贸易的相关特权。不列颠东印度公司拥有125位股东，初始资金7.2万英

镑。或许是因为长期受益于海盗事业，不列颠东印度公司运营初期依然延续着海上抢劫行为，并没有在香料贸易方面产生举足轻重的影响力。

荷兰也没有因其卓越的市场经济氛围而一骑绝尘，相反，十几家贸易公司之间的竞争直接导致了香料价格的大幅波动。发现存在大量采购者后，亚洲的香料商贩大幅提高售价，这些付出高额成本的公司在欧洲市场上不得不相互压价以换取市场份额。而荷兰船只创新所带来的航运效率提升反而使得这些贸易公司返航后面临极大的清库存压力。一来二去，市场竞争几乎就要摧毁荷兰海洋贸易的商业模型。

一些政客清醒地认识到问题所在，面对愈演愈烈的国际贸易局势，荷兰如果继续内耗下去，根本无法和国际巨头们直面竞争。于是一个大胆的想法浮出水面：让这些相互竞争的荷兰公司合并，这样就可以解决内耗问题，从而使荷兰商船的运输效率最大化，扩展其贸易范围，同时也拥有了对本土市场的定价权。要让这些互为竞争对手的公司实现大融合并不容易。好在功夫不负有心人，在"荷兰独立之父"、政治家约翰·范·奥尔登巴内费尔特的积极游说下，这些公司最终握手言和，决定站在同一战线。

荷兰东印度公司在创建之初就试图建立一套行之有效的公司制度，并且引入了国家资本。公司在阿姆斯特丹建立时，上至荷兰女王，下至普通人民，皆可认购这家公司的股票。前提是，他们必须接受公司对资本使用年限的规定，即出资时间以 10 年为一期，中途不得退出。这相当于一种股权众筹模式，小股东作为投资人只需坐享分红，不需要也无权插手公司的具体运作，这大大提升了公司在经营过程中的灵活性。通过这种方式，荷兰东印度公司拥有了稳健的现金储备，可以投资有助于长期发展的项目。这种资本模式彻底改变了海洋贸易是一种高风险投机行为的定义。与那些做一锤子买卖的出资人和冒险家相比，荷兰东印度公司可以通过标准化模型长期运营，提升船队面对海上不确定性的能力。

作为世界上第一家股份制有限公司，荷兰东印度公司的融资规模非常惊人，达到了650万荷兰盾，几乎10倍于英国东印度公司。资本带来的竞争力提升是惊人的，在高额工资的诱惑下，一些官员愿意留在东南亚地区协助贸易，掌握当地香料价格，降低采购成本，解决信息不对称。在接下来很长一段时间里，荷兰东印度公司几乎以压倒性优势控制着东南亚市场。

相比之下，海盗与掠夺行为更具投机性，始终无法做大贸易规模。不列颠东印度公司缺乏商业竞争力的深层次原因还有很多，最致命的一点在于其股东分红方面的自我约束。每次商船顺利返航后，不列颠东印度公司都会根据股东持股情况进行一次清算式分红，直接返还股东投入的本金和利润。长此以往，公司主体所能沉淀和灵活使用的资本量并没有得到明显扩大。股东是否愿意接受这样的分红规则呢？并不。在这样单次结算的伪股权结构下，所谓的投资更像是一次次赌博。一旦商船没有顺利返航，股东们将血本无归。以当时的航海条件来说，发生各种海难的概率并不低，股东们经常会望着出海的船只提心吊胆。

这样的情况持续了很久，毕竟当时的不列颠东印度公司没有荷兰东印度公司那样明确的股权结构，更没有其全民融资的金融环境。不列颠东印度公司只得通过一些变通的方式对冲掉单次航行的风险问题，比如把一段时期内的总航行次数和分红权益打包等。

就在不列颠东印度公司受限于自身规模而发展缓慢时，荷兰东印度公司已经开足马力，试图建立一套垄断香料贸易的新规则。这实在是一个诱人的计划，一旦荷兰成为供应链源头的控制者，就可以自由控制香料的价格，从香料的商品属性和金融属性中实现双重获益。

荷兰人的梦想虽然宏大，但摆在眼前的现实问题异常严峻。法国、西班牙、葡萄牙，还有荷兰本国的商人政客，纷纷出钱建立或者投资相同经营逻辑的私营东印度公司，这些小规模的公司围绕香料贸易展开了激烈的竞争。再加上劲敌不列颠东印度公司，荷兰的贸易垄断面临很大的阻力，而且竞争者之间时不时发生武装冲突，形势不容乐观。

此时，由神圣罗马帝国内战演变而来的"三十年战争"正在向整个欧洲大陆蔓延。在这场战争中，英国与荷兰处于同一阵营。为了避免在香料贸易上过度内耗导致战争失利，不列颠东印度公司和荷兰东印度公司签订了友好协约，以按约定比例、约定价格分配商品的方式展开合作。

随着协约签订，不列颠东印度公司得到了喘息的机会，而荷兰东印度公司对香料贸易的掌控欲却丝毫没有减少，它在各个贸易据点实施全方位的高压政策，以得到当地居民最大限度的"配合"，继续排挤包括不列颠东印度公司在内的对手们。不列颠东印度公司不得不采用夹缝求生的方式参与香料贸易，

秘密支持当地的私营商人，通过物资交换等方式获取香料。所有人都知道，这样的贸易方式必然不会长久。要想与荷兰东印度公司抗衡，不列颠东印度公司必须提高自身的整体实力。

在这个时间点，荷兰人的金融"核武器"已经不再神秘，英国完全有机会复制这种股权结构，对本国的东印度公司进行一次股份制改革。1657年，英国资产阶级逐渐壮大，这股新势力对于旧有独裁政府施加了足够大的影响力。不列颠东印度公司顺势进行了一次换血，旧有的股东分红体系被废除，取而代之的是以长期股权为基础的利润分红制。而且公司设立了股东大会，对公司发展存在的分歧进行投票决议。这一制度几乎与荷兰东印度公司如出一辙，甚至还在细节方面进行了优化。

1688年11月，英国资产阶级运动达到顶峰，直接引发了"光荣革命"。英国的权力架构重塑，国王詹姆斯二世的统治被彻底推翻，国家权力也逐渐转移至议会，这也是君主立宪制的前身。革命发生后，议会选择荷兰人威廉三世担任英国国王。精通荷兰商业与金融的威廉三世，直接为英国金融带来了质的飞跃。很快，金融改革的能量就传导至不列颠东印度公司，两家东印度公司即将展开对决。

有了能与荷兰东印度公司正面对决的实力后，不列颠东印度公司在贸易竞争方面表现得更加激进，它不再需要依靠第三方势力打游击战。围绕香料贸易，双方处处针锋相对，在己方据点和港口压制对方商船，这种剑拔弩张的局势很快就变成了声势浩大的海洋战争。在商品侧，竞争也愈演愈烈，不列颠东印度公司大量采购香料，动摇了荷兰东印度公司在香料贸易中的垄断地位。然而，双方不计成本的竞争对调味品产业链产生了负面作用，直接导致欧洲市场上的调味品价格大幅下跌。两大公司都深受其害，但谁都没有主动停战的意思。

放眼现代商业，这样的情况也经常出现。为了争夺市场第一，竞争者们无所不用其极，哪怕陷入亏损泥沼也在所不惜。在包括电子商务、移动出行、直播、新零售、网络视频在内的多个赛道，都存在类似情况。企业想要成为行业垄断者，势必要经过漫长的市场争夺战，而这导致企业盈利遥遥无期。

理解了这个道理，也就理解了不列颠东印度公司的战略——利用背后逐渐成熟的资本力量，强行阻击荷兰东印度公司的主营业务。要知道，如果让荷兰东印度公司继续掌握香料贸易的源头，强大的金融造血能力会为其提供源源不断的资源，从而实现对外扩张。因此，不列颠东印度公司仅有的机会就在于，通过对抗把荷兰东印度公司拉入相同的境地，并伺机反扑。在这场长期战争中，双方比拼的其实是背后的国力。

事实上，英荷两国在土地、人口方面根本就不在一个量级。

对于本土经济实力薄弱的荷兰来说，其东印度公司几乎扮演着国家印钞机的角色。这一点，从荷兰东印度公司含着金钥匙出生的背景中就可以得到解释。在最强国家资本的加持下，荷兰东印度公司大概是最早拥有铸币权的公司，它甚至可以独立与其他国家签订协议。但是随着地缘政治斗争不断升温，荷兰东印度公司的体量又怎么可能扛起一个国家的命运呢？

反观英国本土资产阶级，完成政权更迭后，已经在荷兰式金融体制的基础上进行了全面创新，在金融、海军、手工业、农业、对外战争方面都有所积累，其财富结构更加多元化。即使部分海洋贸易陷入胶着，英国的国家资本还是在不断积累。

对于这场海洋贸易战争，从心态到军备，双方根本不在一个起跑线上。

在 1652—1674 年的三次英荷战争中，荷兰的综合国力被大量消耗。此外，在与英国的作战过程中，荷兰必须有所保留，时刻警惕法国的立场变化。最终，荷兰在英法联盟的夹击下彻底败北。随之，荷兰长期依靠高压控制的贸易据点不约而同地出现了大规模暴力反抗。

在这场战役后，不列颠东印度公司逐渐取代荷兰东印度公司，成为海洋贸易的超级霸主。随着纺织品、咖啡、茶叶为代表的新兴商品消费量大幅提升，不列颠东印度公司牢牢掌控这些商品，拥有了更强劲的营收能力，为股东创造出同时代无可比拟的财富效应。17 世纪 70 年代，不列颠东印度公司向股东派发的红利年化收益率在 22% 左右，80 年代则达到了 45%。可以想象，在英国人眼里，这家公司的股票就是会下金蛋的鸡。

就在不列颠东印度公司的股票受到追捧时，新的投机产业正在酝酿当中。公司的八大主要股东一边统筹公司的正常运营，一边通过自己手中的股票收割其他投资者。

对于当时的普通投资者来说，很有动力和耐心长期持有不列颠东印度公司的股票。但公司的八大主要股东自然不愿意肥水外流，他们利用对媒体的掌控，定期散布虚假消息，抬高或压低公司股价，操纵市场，以达到高抛低吸的目的。要知道，这8个人掌握了不列颠东印度公司1/4的股票。面对他们联起手来发动的"割韭菜"行为，其他400多位股东毫无还手之力。

在这样投机味道浓重的市场里，中小型投资者的利益受到了严重侵害。1688年光荣革命后，随着国王詹姆斯二世的倒台，不列颠东印度公司失去了王室特权，取代它的是一家名为新东印度公司的公司。经过一段时期的明争暗斗后，在多方势力的撮合下，这两家公司合并，成为有史以来最有权势的一家东印度公司。在此之后，它开始了在历史长河中的权力角逐之路。

故事到这里也就告一段落，我们并不想继续回顾这家最有权势的东印度公司究竟富有到什么程度。作为一个特殊时期的金融业态，它具有足够的研究价值。第一，在不列颠东印度公司与荷兰东印度公司的崛起过程中，我们看到了资本力量为海洋经济提供了怎样牢不可破的基石。在资本的参与下，荷兰东印度公司扬帆起航，成为海洋贸易的垄断者。在此之后，英国又因为找到了金融命脉，以更加有力的资本肌肉超越了荷兰。第二，在争夺香料生意控制权的战斗中，英国不惜投入重金搅局荷兰人的香料生意，金融战争的影子已经若隐若现。在接连不断的贸易打压中，荷兰逐步丧失了利用香料生意持续造血的能力,在面对综合国力远胜于自己的英国时逐渐落入下风。第三,刚刚走上历史舞台的股票就迅速反映出人性中的无尽贪婪。投资与投机之间的关系,就像阳光与阴影,相生相克。

毫无疑问,东印度公司是介于统治机器与商业公司之间的畸形产物。不断膨胀的野心最终酿成了恶果:它们掀起战争,无节制地对殖民地进行掠夺,最终把自己关进了腐烂的权力牢笼,落入衰败破产的境地。由此可知,金融是一种独特的"核能源",妥善运用可以为现实世界带来效率的提升,反之则会造成巨大的灾难。

自东印度公司开始资产证券化以来，人们逐渐学会利用手头的闲置资金参与一场又一场的海外探险。在商船驶出港口时，人们满怀期待地祈祷，盼望它可以满载黄金与香料顺利归来。当他们见识过自己手中的公司股票价格快速翻番后，投资热情开始蔓延。赌徒和绅士在酒吧探讨着自己的投资收益，并一致认为自己手中的股票价值还将不断翻番。这种盲目自信的源头在于他们坚信海外市场有取之不尽的金矿与香料，更坚信自己可以在这个大时代过上富贵的生活。尝到甜头后，他们对待投资问题不再谨慎克制，而是倾其所有，甚至不惜举债购入有潜力的资产或公司股票。高额的投资收益使得他们不愿再从事任何体力劳动。嗅觉灵敏的金融捕手们也不想错过这千载难逢的机会，他们挖掘甚至主动创造全新的投资品种，为它们穿上皇帝的新装。资产泡沫开始以前所未有的速度膨胀。那些在泡沫中安然入睡的投资者们，也终将随着泡沫的破裂而向下坠落。只不过现在，所有人都没有意识到这场悲剧的命运轮盘已经启动。

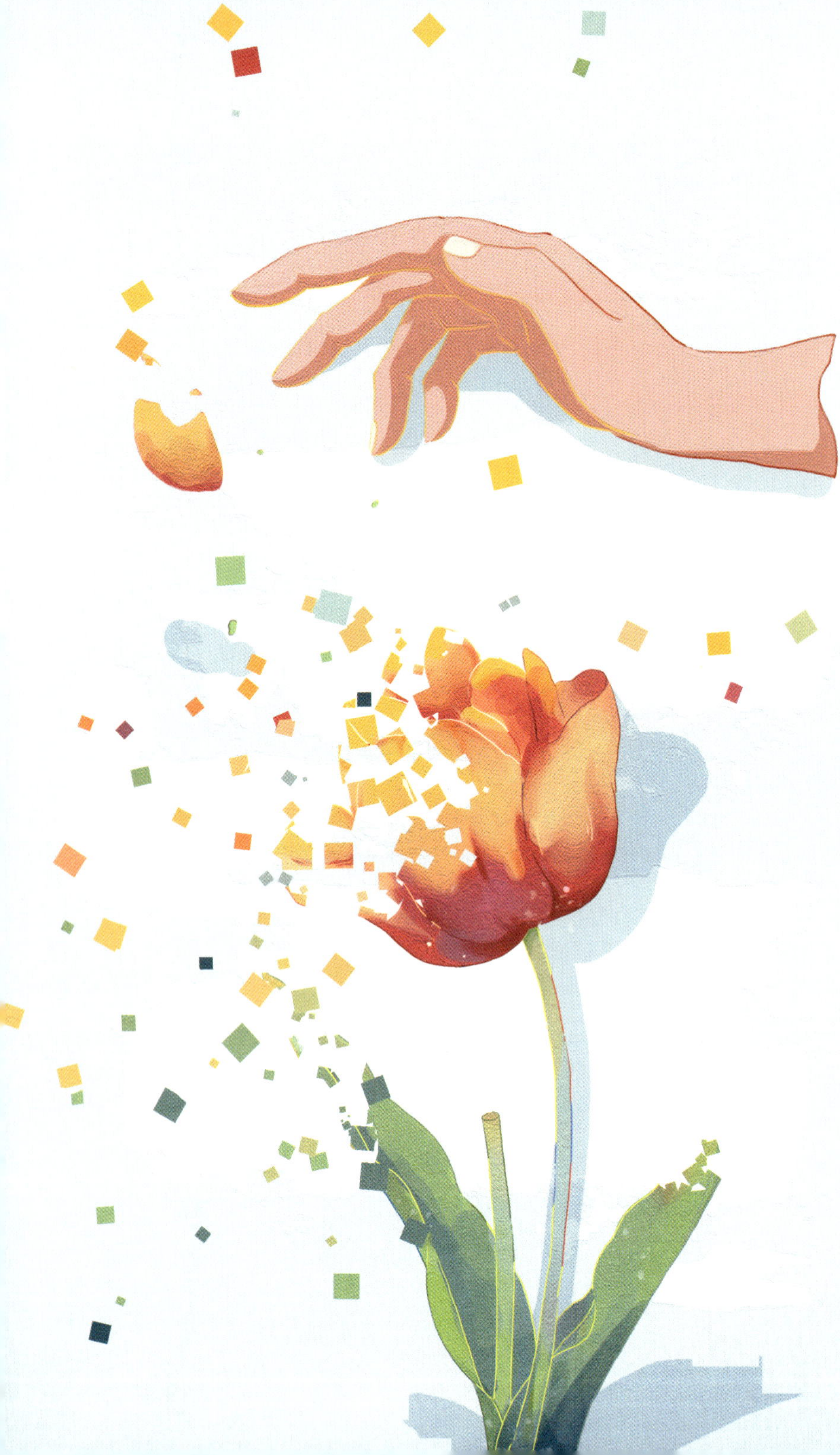

第六章

郁金香泡沫：
永远的奥古斯都

究其根本，引发郁金香泡沫的核心原因只有两个：在缺乏监管的环境下进行无节制的市场经济与金融结合探索，超前且不够完善的金融杠杆系统。时至今日，郁金香泡沫披上了一件又一件新的外衣，游走在人世间。而它的始作俑者和猎物们，都没有察觉到这个事实。

金融史上影响深远的投机事件不少，但有一起投机事件是无论如何都绕不过去的。它被认为是人类史上第一起大规模的投机事件，最开始只是人为抬高资产价格，最终演变成一场击鼓传花的游戏。因为年代久远，这场悲剧造成的损失没有定论，甚至有人认为这只是大仲马杜撰出来的故事。但无论怎样，这起投机事件背后的因果逻辑是经得起推敲的，其中对商品的炒作方式用在如今也丝毫不会过时。在现代金融史上，类似事件每隔一定时间就会重演。每当外界试图一劳永逸地解决资产泡沫问题时，更大的泡沫就会接连而至，资产泡沫破裂带来的损失也越发惊人，如此循环往复。而这一切都始于荷兰的郁金香泡沫，一场"美好"的堕落。

　　在郁金香泡沫的顶点，一颗名为"永远的奥古斯都"的郁金香球茎的售价可买下阿姆斯特丹运河边上的一栋豪宅，是荷兰人平均年收入的四五十倍。

很多介绍这场资产泡沫的相关书籍，往往把其病因归结于当时的人们对郁金香的狂热追捧，以及病态的全民投机热。这样的结论根本不能帮助理解资产泡沫的形成，甚至会让人错误地认为这场资产泡沫的成因是特殊时代背景下的精神问题。但是，郁金香泡沫的形成恰恰是金融规则探索的必经之路。当然，这会令人心生疑虑：理性的参与者外加理性的市场，为何会演变成一场金融灾难，问题究竟出在哪儿？

回看郁金香泡沫发生的时间，17世纪初，荷兰刚刚赢得独立战争的胜利，并且借助海洋贸易实现了资本的初始积累。依托于先进的金融设计理念，荷兰在阿姆斯特丹成立了世界上第一个以股票为主的交易所——阿姆斯特丹证券交易所。正是这个交易所，创造了荷兰东印度公司的财富神话，为荷兰开启了海洋霸权的黄金窗口。而荷兰东印度公司的股票，也是这个交易所第一只上市交易的股票。除了荷兰东印度公司，交易所的另一个明星产品就要数郁金香了。

16世纪末，郁金香由土耳其传入荷兰。在此之前，郁金香一直被奥斯曼帝国看作神圣与荣耀的象征，声名显赫的贵族与将军们会穿着绣有郁金香图案的衬衣。荷兰人从未见过这样漂亮的花朵。一开始，郁金香仅在花卉爱好者的圈子里受到追捧，随着他们对郁金香的盛赞和传颂，这种罕见且花期较短的植物开始走进公众视野。需要注意的是，这一时期的欧洲女性刚刚从宗教禁欲思想中得到解放，她们开始通过各种方式打扮自己，创造出了一种前所未有的新事物——贵族时尚。高贵典雅的郁金香自然成了这种时尚风潮的一部分，它几乎成为欧洲上流社会女子的必备装饰品。至于绅士们，也非常乐于花大价钱向心仪的女子赠送郁金香，表达爱慕之情。

在这一背景下，郁金香迅速为荷兰女性带来了一次消费升级。此时恰逢荷兰资本快速积累，这种财富效应让以郁金香为代表的奢侈品文化有了得天独厚的生存空间。随着需求量不断上升，郁金香交易成为很多人眼中的巨大商机。

起初，意识到这一点是荷兰的花农们，他们开始扩大郁金香的种植规模，尝试更多的种植养护方式，甚至改变郁金香的外观和颜色，那些品相和传统郁金香有明显区别的品种，因其稀缺性往往能卖到更好的价钱。之后，一些酒馆、旅店老板也开始加入郁金香交易，他们利用聚客能力参与销售郁金香，并从中获利。

不仅如此，郁金香市场的超高流动性吸引了投机分子，他们通过结盟，人为控制郁金香的出货量，推高郁金香价格，取得了不菲的收益。但即使是这样，郁金香交易仍然没有被大众认为是一项投机运动，而是顶多被归类为一个蒸蒸日上的奢侈品行业。

1636年，郁金香正式在阿姆斯特丹证券交易所上市，荷兰政府还为其设置了独立的交易法和公证人。公众投资郁金香的最小单位也从一株变成了一股，这样的变动大大降低了投资门槛，提高了普通人投资郁金香的积极性。

当郁金香被附加了更为明显的金融属性后，花农和酒馆老板不再满足于种花、卖花，开始通过在市场和交易所收购郁金香，低买高卖赚取高额差价。不只是他们，各行各业的散户投资者也加入了这场游戏。

相信会有人感到诧异：他们之中难道就没有一个人意识到自己在进行危险的投机行为吗？

其实我们不妨设身处地地想一下，当时的荷兰人根本没有理由拒绝郁金香投资。首先，投资郁金香是回报率最理想的生意，这一点所有人都看在眼里。

其次，当时社会的货币体系、商品结构都不成熟，稀缺商品的价格本来就没有合适的参考系。在什么情况下郁金香的价格被高估，在什么情况下郁金香的价格被低估，本就没有定论。人们唯一可以参照的，就是不断创下新高的郁金香价格。

再次，郁金香作为一种上流社会的消费品，其真实需求量和消费周期存在信息盲区。很多交易环节的参与者根本不会佩戴和使用郁金香，更无从得知贵族们的生活习性，他们只是想当然地看好郁金香的前景。这一点和当下很多股票投资者几乎没有差别,他们会对基本面数据视而不见,为心中某个幻影重金押注。

最后,随着郁金香产业链变得复杂,各个环节对其他环节的运作情况不得而知,更不会意识到郁金香热潮已经改变了商品结构,让原本稀缺的郁金香变得供过于求。

1636年,荷兰人又发明了一项全新的金融工具:期货选择权。这项工具允许投资者对未来的商品进行双向交易,既可以做多又可以做空,同时允许杠杆交易。这意味着荷兰投资者可以在1636年针对1637年的郁金香球茎下注,虽然无法确定1637年的郁金香球茎会不会被培育出来。这项工具赋予了投资者点石成金的能力,因为他们可以对着空气漫天报价,还可以凭借好运气获得收益。

此时,投资标的是什么已经没有意义了。在缺少宏观认知的情况下,期货报价几乎成了毫无规律可循的赌博,而这会反过来影响郁金香产业链,让更多人参与种植或囤积郁金香。这个时候,投资郁金香已经变成了一场瞎子指挥瘸子通过障碍的黑色幽默。

1637年2月4日,灾难毫无征兆地出现。郁金香的市场报价突然开始被压低,跌势在几天内看不到任何回头的可能性。接下来的几个月里,即使荷兰政府公开喊话也无济于事。最后,荷兰政府选择通过行政命令强行终止一切郁金香交割合同，而市场的参与者们只能接受手中的合同变成废纸的现实。泡沫破裂，只剩下一片哀号……

对于这场郁金香引发的金融劫难，一般观点认为是人性的贪婪催生出巨大泡沫，进而得出 17 世纪荷兰人贪得无厌的结论。但情况果真如此吗？其实只要结合一些线索稍微考量，就会发现这个观点的片面性。

17 世纪，郁金香作为东方的神秘花卉流入荷兰后，迅速风靡整个欧洲。为之疯狂的不只是荷兰人，法国也出现了很多夸张的现象：有人愿意用价值数万法郎的啤酒厂去换珍稀品种的杂交郁金香球茎，这和发生在荷兰的郁金香换豪宅如出一辙。这些欧洲人选择用收益率相对保守的资产置换珍稀的郁金香球茎，种植球茎之后销售，以此实现资产增值。这种行为和当今卖房炒股、囤积数字货币等冒险性投资没有什么区别，都属于践行富贵险中求的投资哲学。运气好的话，这些郁金香会带来远超啤酒厂、河景房的财富效应。

理解了这层逻辑后，再来看郁金香的定价问题。其实人们就是在赌郁金香的需求量会继续保持井喷式增长这一趋势。押注郁金香产业本身也有一定的前瞻性，毕竟它同时属于花卉种植行业和奢侈品行业。花卉种植方面，郁金香的产出情况比较稳定，明显优于贸易周期更长、不确定性更多的海洋贸易；至于奢侈品方面，在贸易繁荣的大背景下，没有任何理由看衰奢侈品行业的未来发展。在双重利好下，郁金香球茎的价格才一飞冲天。

究其根本，引发郁金香泡沫的核心原因只有两个：在缺乏监管的环境下进行无节制的市场经济与金融结合探索，超前且不够完善的金融杠杆系统。

先说前者。在这起投机事件中，每个环节的参与者都全身心投入，却没有人分析过当时的宏观环境。高度发达的金融系统为产业带来了高光时刻，同时对产业链进行了重塑。无论是最初的参与者花农，还是逐渐加入的酒店老板，以及后来的投机囤货者，其规模占比都随着利润流动方向而改变。在金融系统的自平衡中，自然没有人会察觉到郁金香将从稀缺走向泛滥。

可是说到底，金融系统在当时还是一个新鲜产物。传统贸易，尤其是垄断型贸易中的贸易模型，与投机交易是截然不同的。以荷兰东印度公司为例，香料贸易中的供需关系非常简单：东南亚的商品与欧洲的需求直接对接，顶多把竞争对手作为一个参考变量。在这样的背景下，荷兰东印度公司可以快速掌握商品的销售情况，并对未来形成预期，根据这些信息进行主动调控。当需求旺盛时，公司可以加大商品采购量，同时提高售价；当需求放缓时，公司可以把重心放在打压竞争对手上，通过破坏性干预、人为创造稀缺性等方式提高商品价格，改变悲观预期。

而郁金香被引入交易所后，供求关系变得充满不确定性，其商品数量、总交易规模、参与机制和退出机制都过于开放。它不像东印度公司的股票，发行之初就已经被限制在一个框架内。郁金香交易偏偏要参考股票的交易范式，把交易单位调整为一股。问题在于，在缺乏监管的条件下，没有办法限制这个特殊的股票的总股本，也就是它可以被动无限扩容。这场投机灾难其实早在交易规则里就埋下了诱因。把商品直接搬入证券交易所，这是一个太过于超前的尝试。恰好这样的问题产品又出现在证券投资这种新鲜事物刚刚兴起的节点，再加上投资者日渐高涨的热情,以及对有官方背景的交易所的信任,郁金香产业链开始被资本畸形催化。

　　细想一下,类似的情景也时常发生在现代商业当中。早些年,在O2O(线上到线下)市场的补贴大战中,热钱涌入创业团队,加上巨头内部孵化项目,原本大有可为的市场瞬间变得拥挤不堪,原本可以快速赢利的项目因为同业竞争迟迟无法赢利。诸如共享单车等同质化商品在监管规则尚在摸索的空白时期无节制地批量投放,对城市市容产生了负面影响,其负债问题还影响了上游的自行车生产商。而习惯了高额补贴的消费者,面对突如其来的补贴政策取消,预期差大大抑制了其积极性。原本应该多赢的产业最终陷入多输境地。

第六章　郁金香泡沫:永远的奥古斯都

再说郁金香交易中可加杠杆的期货选择权工具。这是一个理念更加超前的设计，让一个原本波动性就很高的行业凭空产生了更大的风险。在现代金融体系中，期货是一种对冲现货交易风险的衍生工具，相当于咖啡伴侣。而在郁金香泡沫中，名为期货选择权的工具却凭空放大了交易风险，甚至凭借其高风险、高收益的特性成为赌徒们争相追捧的主流交易方式。在当时的社会环境下，其结局可想而知。

一直以来，过度开发的金融衍生工具被认为是金融危机频发的主要诱因。如果说传统金融是实体经济的延长线，那么金融衍生工具就是传统金融的延长线，它让本就复杂无比的交易系统变得更加复杂。根据自然生态学，系统复杂性与稳定性成正比。但金融衍生工具相当于一个未经过长时间考验的人为生态，且其初衷是逐利，这就在无形中把金融衍生工具的未来置于迷雾之中。如今，这样的问题依然存在，也许变得更加严重。面对基于投资者需求而孵化的千奇百怪的金融衍生品，几乎没有任何监管经验可循，更别提保障投资者的权益。

不知是不是有感而发，思想家马歇尔·麦克卢汉说出了这样的话："我们创造了工具，工具反过来塑造我们。"最终，我们莫名其妙地走进了工具为我们设下的牢笼，还不遗余力地继续加固这个牢笼。从这个视角重新审视郁金香泡沫，你会发现人类已经陷入这个怪圈几百年，束手无策。在这场毫无公平可言的竞赛里，裁判时而叫停金融衍生品，时而放宽对其的管控，却从未成功阻止过风险的积累与发酵。

在本章的最后，我们不得不重申前文的观点：郁金香泡沫不是一场基于荷兰人非理性贪婪的灾难，而是现代金融体系与它亲手塑造出的风险的第一次直面对决。结果是金融制度创新败给了自己。

其实只要对历史稍加留意，就会轻易得出这个结论。但是在有关郁金香泡沫的实际传播中，其学术意义被弱化，而戏剧性被放大，并把结论引向了人性的贪婪这个永恒的批判重心。被欺骗的并非只有17世纪贪婪的欧洲人，还有我们这些从未真正理解郁金香泡沫的现代人。时至今日，郁金香泡沫披上了一件又一件新的外衣，游走在人世间。而它的始作俑者和猎物们，都没有察觉到这个事实。

回顾历史上的种种金融危机，如果每次都以上帝视角草率得出结论，我们就会不断地在同一个地方摔倒。

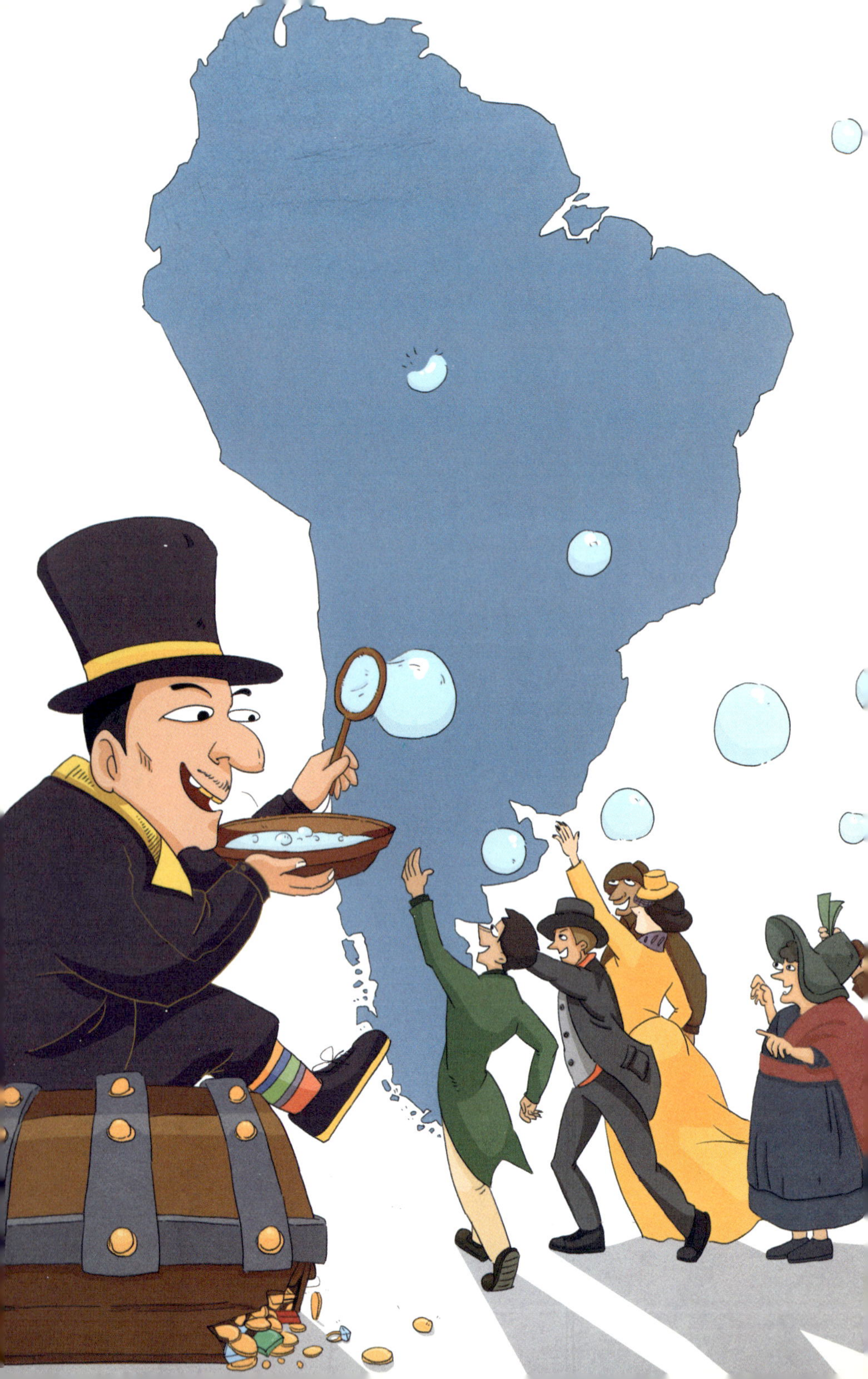

第七章

南海公司：
连环泡沫的终极崩溃

愿世人铭记南海公司的悲剧，记住那场让牛顿爵士都无能为力的金融大崩溃。密西西比泡沫和南海泡沫都证明了凭空印钞和发行股票是没有办法创造价值的。试图通过人为创造通货膨胀来消化债务问题，最终只能自食其果。

"我可以计算天体运行的轨道，却无法计算人性的疯狂。"这是一句经常出现在金融文献里的引言，据说它的作者是英国著名物理学家牛顿爵士。据传，牛顿爵士在投资南海公司的股票后亏损了 2 万英镑（相当于他 10 年的薪水），之后留下了这句无奈的警世之言。当然，现在已经无从考证 2 万英镑这个数字是否真实，但我们至少知道了一件事：能够窥探宇宙终极奥秘的智者，在金融泡沫面前也会如此无力。

南海泡沫在金融史上留下了浓墨重彩的一笔，它已经成为经济学中的一个专有名词，泛指带来恐怖后果的暴涨与暴跌。而真正感受到南海泡沫带来的切肤之痛的，当属同时代的投资者。南海公司的股票牵扯甚广，在南海计划实施初期，南海公司的股票被用作贿赂礼，赠予相关机构与政客。有了官方背书后，贵族与身份显赫者争相认购南海公司的股权。这种趋势直接影响了其他投资者，南海公司的股票备受追捧，几乎一票难求，有人不惜抵押房产也要参与这场看起来稳赚不赔的金融游戏。这种不加节制的投资豪赌直接导致泡沫破裂后，很多原本家境殷实的贵族流落街头，无家可归。政府因为与南海公司有着千丝万缕的联系也无法推卸责任，在政府信用破产后，推动南海计划的执政团队和权威人士接连下台，英国的政治格局也因此而改变。

一场金融风暴改变了一个国家的走向，这场终极崩溃究竟是阴谋家的杰作还是金融力量失控的结果？

要搞清楚这一切，我们必须回到灾难的起点。18 世纪初，在不列颠东印度公司取得非凡的贸易成就后，投资者们对于新世界有了种种不切实际的美好幻想。看到有人投资不列颠东印度公司股票实现了财富梦想，错过了这波超级价值红利的人们都在翘首以盼下一个不列颠东印度公司的诞生。他们坚信，满载财富的商船会让这个国家遍地黄金，只要手握公司股票，就可以在这场财富革命中成为胜利者。

这样的机会很快出现了。此时正值西班牙王位继承战争时期，西班牙哈布斯堡王朝的国王卡洛斯二世死后没有留下子嗣，根据他的遗嘱，王位将由其侄孙安茹公爵腓力五世继承。此人还有另一重身份,即法国国王路易十四的孙子。在当时的政治格局下,这意味着路易十四将成为西班牙的实际统治者。对于欧洲其他国家来说,如果任由局势发展下去,相当于让法国成为欧洲的超级霸主,甚至会威胁到自身的生存空间。很快,欧洲各国就组成了新的战略同盟,遏制法国国王路易十四操纵西班牙王室。

在十余年的连续战争中,法国出现了较大的财政窟窿,必须想方设法为这场战争找到体面的收尾方式。与敌对联盟的主要参与者进行一对一谈判,成为一种可行的方式。时任英国财政大臣罗伯特·哈利受命开始与法国使者秘密谈判,并把缔结和约的条件锁定在南美洲的贸易许可问题上。罗伯特最终如愿为英国争取到了这一实质性利益,南海公司也依托于这一全新的贸易权利成立。

最初的南海公司并没有因其独特的胜利者光环而在贸易方面大获全胜,相反,它还因为西班牙国王苛刻的贸易限制陷入了经营困局。踌躇满志的南海公司管理层不得不寻找新的业务破局。

梳理与政府的特殊关系后,他们发现了一个新契机:英国正面临严峻的国债问题,在长期对外战争中,英国通过国债从民间筹集了大量资本,而这些有息国债给国家财政带来了压力。

在相同时期，法国也面临相同的问题，"太阳王"路易十四刚刚去世，他所主导的奢靡风气还在宫廷延续，法国几乎无力偿还那些因为战争、奢侈品消费遗留下的巨额负债。

此时，一个臭名昭著的英国人约翰·劳，正在为他独特的经济学观点游说欧洲诸王。这个侥幸活下来的酗酒者和杀人犯有着异于常人的天赋，他非常擅长数学运算，并通过一套自己的算牌方式在赌场积累了巨额财富。对于法国的财政问题，他提出了一套以发行纸币为基础的计划，目的是为法国消化掉25亿利弗尔的巨额债务。当时的法国摄政王奥尔良公爵认可了他的计划，于是约翰·劳在法国建立了通用银行，并获得了纸币的发行权。但是此时的法国缺少发行纸币的最关键因子——以金银为代表的准备金。负债累累的法国，根本拿不出与纸币发行计划数量相符的金银。

这没有难倒天赋异禀的赌场老千约翰·劳，他又以开发密西西比为幌子，把密西西比说成一个遍地黄金的地方，建立了密西西比公司。随后他发行了密西西比公司的股票，并把一系列诱人的设想装入了这家公司。他的泡沫机器很快运转起来：银行无节制地发行纸币，以此向国债债权人支付利息。在他的大肆鼓吹下，纸币又流向了他操纵的密西西比公司，推高了公司股价。紧接着，他提出用密西西比公司的股票兑换债权人手中的国债，这样一来，那些即将到期的债务就转变成密西西比公司的股票。法国政府无须再为这些债务负责，债权人心甘情愿成了自负盈亏的密西西比公司的股东。

约翰·劳和他这个"伟大"设想的结局我们暂且搁置。约翰·劳的国债偿还策略很快传回英国，南海公司首席理事布朗特大受启发。他认为，南海公司完全可以复制密西西比公司的辉煌，前提是南海公司可以拿到处理英国国债的权利。在此之前，英国国债完全交由英格兰银行处理，英格兰银行没有理由把这块业务拱手送人。论资质，主营业务为海洋贸易的南海公司完全插不上手。退一步说，即使英国政府允许贸易公司接手国债，优先获得该业务的也是资质和背景更为雄厚的不列颠东印度公司，无论如何也轮不到南海公司。

对于毫无业绩可言的南海公司来说，拿下国债业务将成为其重要的转折点，管理层断然不会被眼下的困难所吓退。他们必须向英国政府提出一个更诱人的条件，以此从英格兰银行手中夺走国债处理权。为了达成目标，向政府官员行贿是在所难免的。摆在眼前的现实问题是，南海公司没有像不列颠东印度公司那样通过海洋贸易形成财富积累，没有可以随时使用的现金储备。南海公司的管理层再次发挥了想象力，他们从约翰·劳身上"偷师"的东西实在太多了。

1720年1月，南海公司向英国财政部提交了一份国债解决方案：如果政府把国债交给南海公司运作，公司会为政府提供至少每年5%的股息，同时公司愿意把未来在贸易方面的利润注入政府，预计规模为每年15万英镑。这相当于用一个

极具诱惑力的条件，买下了部分国债的处理权。按照南海公司的承诺，英国政府的债务压力会大大减少，这是一笔没有理由拒绝的好买卖。

英国政府自然懂得权衡利弊，但保守派依然质疑南海公司兑现其承诺的能力。另一方面，英格兰银行也针对国债处理权亮出了自己的筹码。南海公司和英格兰银行不断提高出价，好在南海公司已经贿赂了大量官员，在众多议员的推波助澜下，南海公司成了最后的赢家。

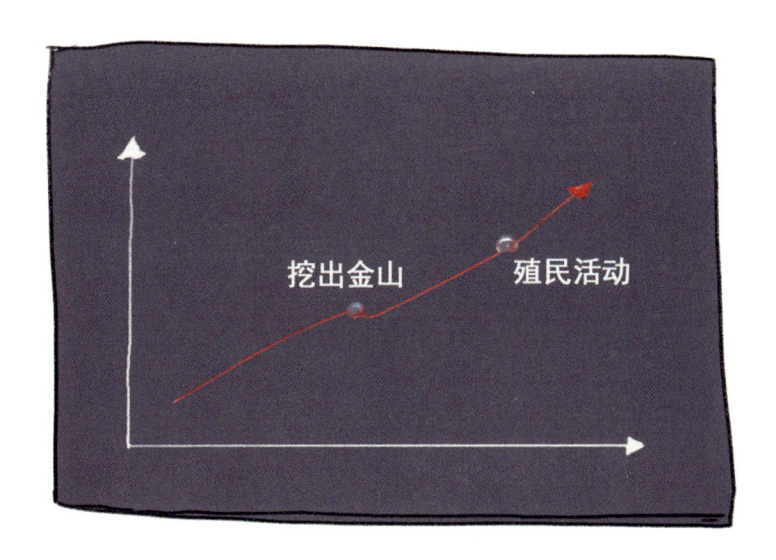

挖出金山　殖民活动

没有现金储备、没有营业收入，更没有约翰·劳的纸币发行，南海公司该如何兑现自己的空头支票呢？狡猾的管理层已经有了一整套计划,他们开始向市场发行一定规模的公司股票,并且在上市前进行了一轮大规模的内部炒作。发行价 100 英镑的南海公司股票,股价很快达到了 300 英镑。通过对媒体的巧妙运用,有关南海公司的内幕消息到处都在传播:接管了某个储藏量惊人的金山,即将前往新地区发起殖民活动,拥有价值连城的稀缺商品……总之,南海公司的股票已经和这个世界最有赚头的事业联系在一起。

果不其然,南海公司的股价继续攀升。南海公司也顺利通过这种推销方式,让国债所有者们满心欢喜地拿出国债换取南海公司的股票。也就是说,投资者在用 300 英镑的足额国债换取发行价仅为 100 英镑、但股价已经达到 300 英镑的股票。在南海公司的一系列舆论运作下,股票的市场价格一路高涨。

此时,举国上下都沉浸在一片欢腾雀跃当中,自然也包括收取了南海公司贿赂的政府官员。当初南海公司许诺给他们的股票股价不断翻番,南海公司又以市价回购了这些股票。看着不断创造新高的股价,很多套现后获得高额收益的官员选择继续从市场上购入南海公司的股票,甚至有人开始抵押地产,利用各种融资手段大肆买入股票。

南海公司的管理层深知,这是一场开始就不能停下的游戏。

股价下跌会发生什么事,他们大概连想都不敢想。"盛世"之下,南海公司选择闭眼狂奔。

南海公司又向市场推出了一项服务,南海公司的任何股东都可以获得贷款额度,用来继续购买南海公司的股票。英国国

王乔治一世和乔治二世也持有南海公司的股票，这被投资者们视为史诗级利好。在单边上涨的行情中，国王们通过高抛低吸收益颇丰，他们也乐得为南海公司站台。英国国王亲自参与公司运营，这点燃了社会各界人士的投资热情。贵族、政客、艺术家、银行家、中产阶级乃至平民，都把身家押宝在这家公司之上。

南海公司的股票好像一台永动机，为这个国家创造着惊人的纸面财富。那些贷款买入股票的投资者，很快就通过股票增值对冲掉了贷款压力。约翰·劳在法国创造的奇迹，被南海公司用更加简易的方式送上了新的巅峰。随着越来越多的国债完成债转股，英国政府也变得乐观起来。

南海公司的股价一骑绝尘，巅峰时达到1 000英镑每股，是发行价的10倍。即便如此，仍没有人觉得南海公司的股价被大大高估了。相反，街头巷尾层出不穷的新传言，为投资者们进行了新一轮的信仰充值。他们坚信，满载奇异宝石和黄金白银的商船即将抵达港口，南美洲源源不断的宝藏会填满南海公司的仓库。

南海公司扶摇直上的股价影响了整个市场，不列颠东印度公司、英格兰银行等公司的股价也在同时期开始跃升。在资本市场欣欣向荣的背景下，各种新技术、新创意也借助交易所出现在投资者面前。这些毫无实质产品的技术被包装成炼金术一样的神迹，成功地从投资者们的钱袋中捞到了钱。这并不意外，毕竟有南海公司这个"榜样"，它可以在主营业务毫无实质性进展的同时让股价提升10倍。

依靠讲故事发行股票的策略被证明是有效的，直到越来越匪夷所思的项目在市场上亮相，就连最愚钝的投资者也意识到了问题所在。一时间，越来越多的人选择落袋为安，各大公司

的股票都遭到了不同程度的抛售。南海公司的股价从最高点的 1 000 英镑降至 700 英镑，又在接下来的一个月时间内跌至 190 英镑。如此惨烈的波动"洗劫"了公司的所有股东，加了杠杆的投资者负债累累，直接出局。那些在南海计划初期大赚一笔的政客们大多也把财富还给了市场，甚至附带上自己的毕生积蓄。再没有任何动力支撑起南海公司股票，进行哪怕一小波反弹。

一个月前还守着南海公司股票窃喜的人们，只得接受这个残酷的现实。没有负债的投资者不得不主动降低生活质量，寻找新工作，艰难地生存下去。阔太太们变卖珠宝首饰，过上粗茶淡饭的普通生活。原本在家中养尊处优的退役军人不得不冒险前往海外殖民地，过回刀尖舔血的生活。相比于那些背负巨额债务的赌徒，这些人的结局还算是好的。因为无法偿债，大量杠杆投资者选择自杀。

南海泡沫最终演变成了全国性的金融灾难，大量官员遭到审查，并被证实参与了南海计划和南海公司股票的炒作。至于南海计划的"老师"约翰·劳，我们也可以聊聊他的结局了：他的印钞计划最终酿成了法国密西西比股市泡沫，吞噬了无数人的财富，法国也进入了经济萧条时期，混乱的金融市场在几年后才逐渐改善，而约翰·劳本人因恐被问责而开始了逃亡，孤独地死在了威尼斯的某个贫民窟中。

即使是在这两场负和博弈中,也一定有嗅觉灵敏者借助制度漏洞实现了财富创收。但对于整个社会来说,这样的巨大泡沫狠狠打击了秩序稳定性,甚至不免让人开始怀疑金融本身究竟是造福人类的发明,还是包藏祸心的糖衣炮弹。

金融泡沫案例的相似点是,它们好像都是在某些非常明显的原则问题上犯下了致命错误。但事实并非如此,真正让这些大胆的想法变为现实并引发灾难的,往往是一些国家发展过程

中沉淀出的"慢性病"。南海公司能够挑战英格兰银行对国债的处理权，原因就在于英国在长期战争中堆积了大量债务问题，依靠惯性的贸易增长不足以化解。眼看债务增长就要把英国推向悬崖，不得不采取"非常之道"。

在商业环境下，采取"非常之道"力挽狂澜的例子不胜枚举。苹果公司的发展陷入瓶颈时，乔布斯选择利用 iPod（苹果音乐播放器）切入一个大公司非常不屑的小众赛道，用这款伟大的产品拯救了苹果的颓势。英特尔公司曾经是世界上最大的处理器制造商，在主营业务受到日系竞争对手的威胁后地位一落千丈，关键时刻，临危受命的首席执行官安迪·格鲁夫力排众议，决定放弃处理器市场，带领英特尔在全新的芯片赛道浴火重生。

由此可知，放弃固有思维对于打破僵局有着举足轻重的作用。但开拓思维并不是一劳永逸之举，甚至有可能酿成新的灾祸。一个最重要的前提是，创新者是否对自己渴望达成的目标有一个理性的认知。动机是否健康，决定了创新的纯度。

在本书的很多案例中，金融创新往往伴随着高尚的设想。无论是苏美尔人的记账泥板、北宋的纸币，还是美第奇银行的内部激励制度，出发点都是好的。而南海公司是少有的，几乎是把全部心思放在如何投机的负面创新案例。即使南海公司拥有了令人嫉妒的南美洲贸易特许权，管理层也从未思考过如何通过贸易手段让公司走上正轨，反而迷上了约翰·劳开发的危险游戏。自始至终，南海公司从未想过如何开发南美洲贸易，却顶着贸易光环开启了市场融资。通过反复自我炒作，把这个想象中的故事推销给整个英国。用一个谎言去掩盖另一个谎言，其结果就是陷入一个偏离正轨的循环。

愿世人铭记南海公司的悲剧，记住那场让牛顿爵士都无能为力的金融大崩溃。

密西西比泡沫和南海泡沫都证明了凭空印钞和发行股票是没有办法创造价值的。试图通过人为创造通货膨胀来消化债务问题，最终只能自食其果。然而在此之后，依然有权威人士相信印钞是一切经济问题的解决之道。

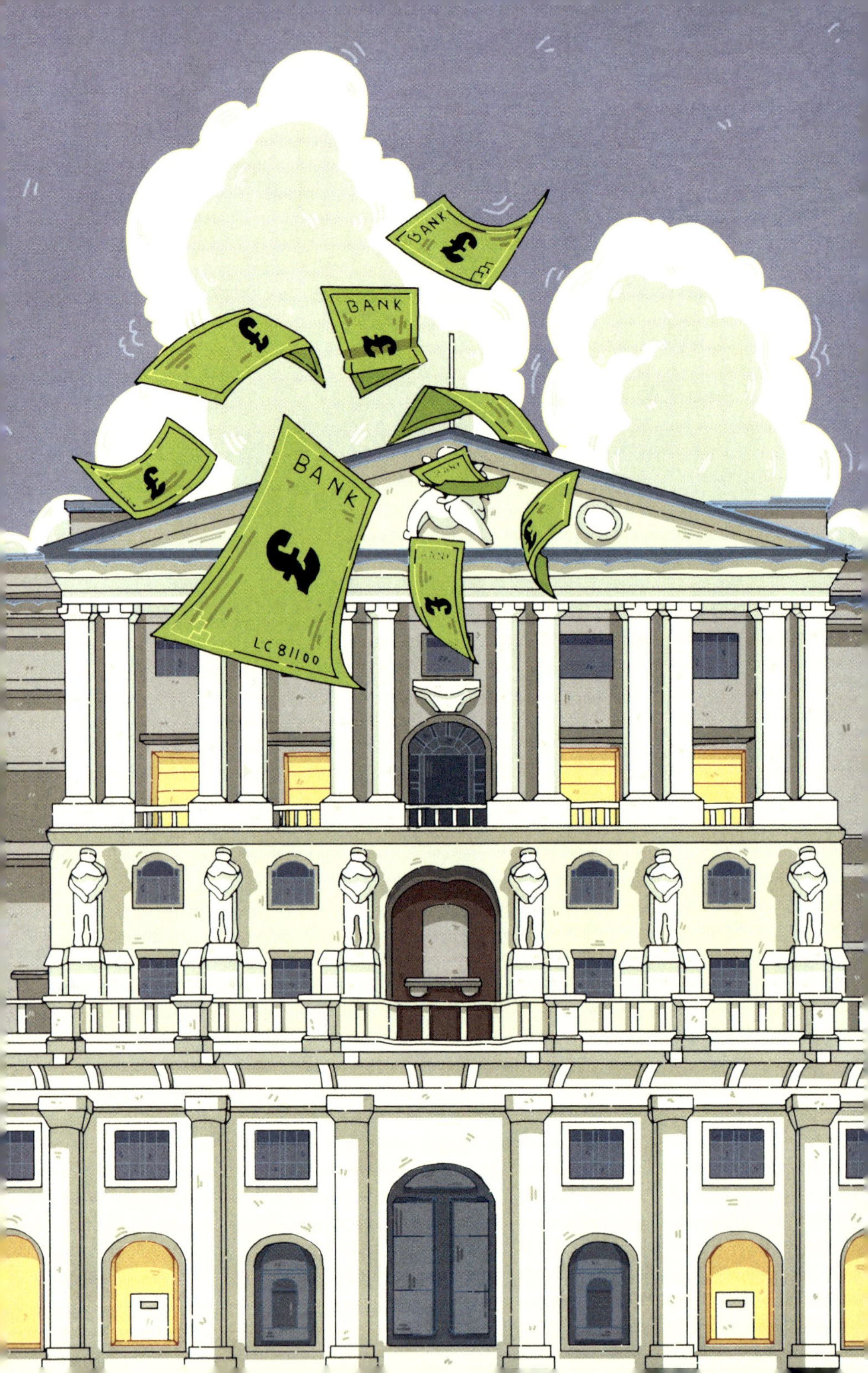
BANK
BANK
BANK
LC 81100

第八章

英格兰银行：
中央银行的前世今生

> 无论是为了管理内部无法被高效监管的金融领域，还是为了应对外部的政治施压，或是未雨绸缪地布局未来国际金融战争，现有的中央银行制度都需要一次进化和自我革命。

南海泡沫的破碎在英国掀起了一场史无前例的恐慌，不过这场危机在重创英国金融根基的同时，也留下了新的希望：它从侧面推动了中央银行体系的出现与发展。南海公司在国债业务上的死敌英格兰银行，即将从一家服务于王室的敛财机器，演变成具有独立性的金融中心，最终成为各国争相效仿的金融主导机构，成为国家连接与调节市场经济的核心枢纽。

　　中央银行似乎是金融史演进的产物。但在 18 世纪初，欧洲大陆以国王为核心的政体是不可能允许金融机构的独立性与王权对等或超越王权的。而英格兰银行的出现，完全是因为英国王室。17 世纪末，英国陷入了频繁的对外战争，庞大的战争债务阻碍着国家财政机器的正常运转。而这一切，仅仅是为了满足王室成员狂热的战争欲和荣誉感。

就在英国王室疯狂驾驶着权力战车横征暴敛的同时，英国国内的资产阶级正在迅速崛起。对外战争陷入僵局后，王室的对内统治也不再稳固，他们无法像过去那样肆无忌惮地提高税收，王权目空一切的权力架构开始出现松动。1689年，随着资产阶级主导的《权利法案》出台，国王的权力被进一步限制。这使得王室迫切需要一个全新的融资渠道，支撑起他们庞大的开支。只不过这一次，王室必须在对等的基础上进行一场交易，而不是单方面的索取。

1694年，成立英格兰银行的设想正式落地，英国议会批准了相关法案。王室给英格兰银行颁发皇家特许状，为其公开站台。王室成员也被允许以较低的利息在英格兰银行贷款，同时授予英格兰银行与贷款额度相等的银行券发行权（最初的铸币权）。于是，一个微妙的循环开始了，只要国王和他的王室成员们继续借贷，英格兰银行就可以得到更多的银行券发行权，直到彻底掏空王室的权力荷包。

由此可知，英格兰银行成立之初的定位和中央银行并没有太多关联，只不过是不同权力阵营的博弈工具，用来蚕食王室在财政方面的强权。而且英格兰银行对金融行业和自身发展的规划非常短视。比如在南海公司陷入危局后，南海公司高层曾经向英格兰银行寻求援助，英格兰银行出于私心，对于资本注入的决策反复无常，最终放任南海公司发生系统性崩溃。

英格兰银行的举动多少有些不顾大局。但是话说回来，即使向南海公司注入资金，也不过是延迟这个泡沫的破裂时间而已。恐怕连英国国王也无力拯救一家几乎没有任何业务基础的空壳公司。一个不争的事实是，此时的英格兰银行完全就是一副逐利主义的商业银行做派。究竟是怎样的力量促使英格兰银行发生了根本性转变呢？还是要从南海泡沫的尾声说起。

在南海泡沫疯狂收割社会财富的时候，英国的很多银行产生了危机感。原因之一是，它们为了业绩向客户提供了大量贷款，而这些贷款无一例外地流入了资本市场，并体现在南海公司的股价上。

随着南海泡沫被戳破，这部分财富已经血本无归，可怕的灾难即将以坏账的形式传导到银行业。恰恰在这一时期，为了维持生计，人们疯狂涌向银行寻求贷款。

那些被南海公司股票绑架了的银行面临着一个两难的抉择。于整个金融业而言，银行就是霸主，但霸主亦有霸主的挑战与危机。在丛林法则中，即使是最凶猛的野兽之王也必须善于伪装自己，尤其是在它们受伤的时候。因为一旦暴露自己虚弱的一面，就会遭到外部竞争者的威胁，甚至连平日里对自己俯首称臣的同族也有可能会密谋叛变。

此时的银行正如同受伤的野兽之王，如果银行收紧贷款，必然会导致公众舆论发酵，带来更严重的后果：现有客户会质疑银行资产是否也受到南海泡沫事件牵连。如果类似的猜测愈演愈烈，银行必然会遭到疯狂的挤兑。一旦出现那种情况，银行会丧失更多的资产，其经营情况会进一步恶化，甚至落入万劫不复的境地。

在讲述英格兰银行的应对策略前，需要补充一下前文提到的一个概念：银行券。银行券是由银行授权发行的一种信用票据，持有者可以凭借银行券随时在发行银行兑换黄金。这种便捷的支付方式因为有银行信用和对等黄金价值的双重背书，得到了客户的喜爱。而在南海泡沫破裂后，各家银行受到了极大的挑战：蜂拥而至的投资者要求银行把自己手中的银行券兑换成黄金。这无异于扼住了银行的咽喉：如果在这个非常时期进行兑换，会迅速耗尽银行的黄金储备，让银行无法正常运营；如果拒绝兑换，银行苦心经营起来的信誉会消失殆尽。

面对进退两难的局面，英格兰银行打出了自己的组合拳。在黄金兑换方面，英格兰银行延长了兑换周期，客户必须排队等待兑换。英格兰银行又在排在前面的客户中安插了自己人，这就使得有兑换黄金的真实需求的客户需要等待更长的时间。但这只是拖延时间的小伎俩，无法从根本上解决问题。

得到了喘息机会的英格兰银行立即开始下一步的行动。管理团队联系有业务往来的商人和机构，要求他们联名站台，公开表示愿意支持英格兰银行的银行券作为支付手段。这一措施有效地安抚了客户情绪，英格兰银行度过了最艰难的时期。

在此之后，英格兰银行的银行券有了更为广泛的群众基础，其流通性大幅提升，甚至有了取代传统金属货币的势头。但在这一时期，银行券的底层逻辑限制了它的进一步普及：银行券的发行数量必须依托于足额的黄金储备，每发行一张银行券就意味着银行准备好了用来兑换的等额黄金。虽然市面上对银行券的需求量有了提升，但银行依然没有权限超发银行券。

底层逻辑的限制，使英格兰银行无法从一家民营银行脱胎换骨成为中央银行。此时，唯有绕过黄金储备与票面价值相对应的硬性要求，拿到完整的国家铸币权，英格兰银行才能成为真正的中央银行。在中央银行出现前，铸币权往往掌握在国王手中，不受任何商业法则的约束。虽然这一时期英国有皇家造币厂,但是其信用不甚理想。造币厂就像是国王们的"夜壶",需要发动战争或满足私欲时将其作为融资手段;一旦外部局势不受控制,国王就会翻脸不认人,把这些融资损失强行算在投资者头上。

比如国王查理一世就曾通过行政命令的方式,毫无理由地扣押了客户存放在造币厂的金银器皿,并从这些客户手上收缴了一笔"赎金"。不仅如此,国王们还非常热衷于对市场上的货币进行重铸,然后在重铸的过程中偷工减料,把克扣下的黄

金放入自己的腰包。

慢慢地，普通人也开始区别对待金币，私藏足额金币，优先用那些缺斤少两的金币支付。劣币驱逐良币的现象明显，市场金融秩序极不稳定。而这一切，都是拜英国国王们所赐。

在资产阶级崛起前，国王们肆无忌惮地使用着手中的权力，导致民间对于造币厂之类的机构极为不信任。牛顿爵士曾经出任过皇家造币厂总监，试图通过研发新币种和防伪创新、打击不足值货币等方式，整顿市场上的不规范金融行为。牛顿爵士最终凭借优异的表现升至厂长。但这种程度的努力还是没有办法改变恶劣的金融环境，毕竟国王和利益集团才是货币造假贬值的罪魁祸首，区区一个造币厂厂长完全没有办法与其抗衡。

可以想象，在基础金融架构如此不可靠的背景下，以英格兰银行为代表的民营银行想要积累起信誉是一件非常不容易的事情。好在，资产阶级革命后，王权逐渐被民主意识分食，越来越多的重要权力不再以国王意志为转移，铸币权就是其中之一。英格兰银行成立时，正逢国王信誉倒塌前夜，种种外部因素导致国王无法继续任性下去，而是必须遵守商业准则和契约精神，进行相应的融资行为。在如约完成了国王的目标后，英格兰银行也得到了相应规模的铸币权，开展业务。在英格兰银行与国王的长期博弈中，银行逐渐成了强势方，其铸币权的规模越来越大，适用范围也越来越广。

1833年，英格兰银行取得钞票无限法偿的资格。1844年，英国国会通过《皮尔条例》，规定英格兰银行分为发行部与银行部，发行部负责以1 400万英镑的证券以及营业上不必要的金属贮藏的总和发行等额的银行券。此时，其他银行也有相应规模的铸币权，但在后续竞争中，英格兰银行打败了其他银行，在1928年成为英国唯一拥有铸币权的银行，正式以英国国家中央银行的身份开始运作。

1946年，英格兰银行由英国政府收归国有。至此，中央银行的基本工作方向也有了一个雏形。中央银行的主要职责是：发行货币，打理国债，随国情调整货币政策，对贴现进行票据再贴现，代理财政金库，通过国际货币基金组织、世界银行及国际清算银行等机构办理同其他国家有关的货币方面的事项，代理政府保管黄金外汇储备等。用更加通俗的话说，中央银行其实有三大核心职能。

其一，代理国库。传统意义上的国库名为国库，实则是国王的私人财产。国库的储备往往来自国家生产与发展产生的各类税收，本该用于回馈社会，修建各项基础设施，优化国内产业结构，然而在特定政体下，国王的私人欲望凌驾于国家发展目标之上，导致国库财产被浪费。英格兰银行的成立改变了这种情况。国王不再有权直接动用国库资产，而是需要通过协商，让英格兰银行打理其个人债务和贷款。渐渐地，面向社会各界的财政方针变得规范化，置于中央银行的管理框架之下。

其二，清算中心。在彻底垄断了英国的铸币权后，英格兰银行与其他商业银行的地位发生了根本性变化。原本处于平级的它们，逐渐演变成平台与个体。其他商业银行进行票据交换和业务往来时，会以英格兰银行为枢纽。随着交易规模越来越大，英格兰银行的枢纽作用也越发不可替代。商业银行在英格兰银行开设业务账户，并存入一定量的储备现金，进行跨行交易时，英格兰银行可以根据交易实际情况进行划转。这样不仅统一了标准，而且大大提升了支付效率。

其三，最后贷款人。英格兰银行在成立之初就拥有一个模糊的定位，即国王的最后贷款人。因为在此之前，国王信誉的过度透支，加上统治能力的被动削弱，导致国王已经没有了大规模融资手段。随着英格兰银行成为中央银行，加上其他商业银行的依附，英格兰银行不得不肩负起最后贷款人的责任。此时，中央银行已经成为国家金融的最后一道防线。在后来发生的各类金融危机中，中央银行也扮演着最后贷款人的角色，为维持金融系统的稳定性，向市场注入流动性。

中央银行这一机构的出现，在某种意义上说明国家把金融的重要性提高到了前所未有的高度。回顾历史，以郁金香泡沫、密西西比泡沫、南海泡沫为代表的金融灾难已经让执政者有过切肤之痛，他们无论如何也不愿意重蹈覆辙。而以东印度公司为代表的金融贸易机构，又因为拥有过大的权力，对地缘政治格局产生了巨大的影响力，使事态的发展超出了政府的预料。为了防止金融体系如上述案例般分化，需要中央银行这样的机构进行统一监管，并科学化地调整货币政策，保证经济热度恰到好处。

然而在实际情况中,想做到恰到好处简直难如登天。随着金融生态和社会分工越发复杂化,金融与传统行业也融合得更为紧密,难免会出现很多盲区。一方面,随着金融需求持续井喷,层出不穷的"影子银行"游离在银行监管体系之外。另一方面，全球一体化进程中，金融一体化也是必然结果，各国的中央银行正在演变成"我中有你、你中有我"的共同体。

对于世界范围内的弱势中央银行来说，制定相关经济政策时必须要考虑外部环境，甚至不得不受制于强势中央银行，决策方面稍有不慎，就有可能被国际套利组织洗劫财富。于本国而言，中央银行是稳定金融环境的超级支撑平台。但是放到世界竞技场中，中央银行的高度中心化又容易导致强弱两极分化。在金融战争中，强势中央银行可以通过金融制裁等方式对他国施压。

不可否认，中央银行几乎是现代金融的支柱，被称为"银行中的银行"。但是在现有的中央银行范式中，中央银行的独立性和施政空间往往受限于其国家基本面，更要时刻小心强势中央银行的降维打击。

金融本该是一项普惠性工具，不该成为少数国家打击他国的武器，让强弱双方的差距不断加大。试想一下，如果现有中央银行制度的存在只能让强势国家不断挤压弱势国家的生存空间，必然引发金融革命。目前，包括阿根廷中央银行、瑞典中央银行、巴西中央银行、土耳其中央银行在内的很多中央银行正在试图通过引入数字货币等方式，寻找本国金融的破局之道。因为在可预见的未来里，这些国家无法从传统金融规则中找到摆脱困境的可能性。

无论是为了管理内部无法被高效监管的金融领域,还是为了应对外部的政治施压,或是未雨绸缪地布局未来国际金融战争,现有的中央银行制度都需要一次进化和自我革命。

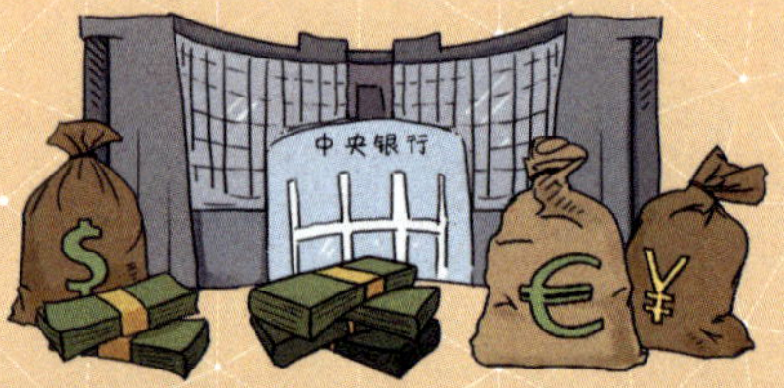
中央银行

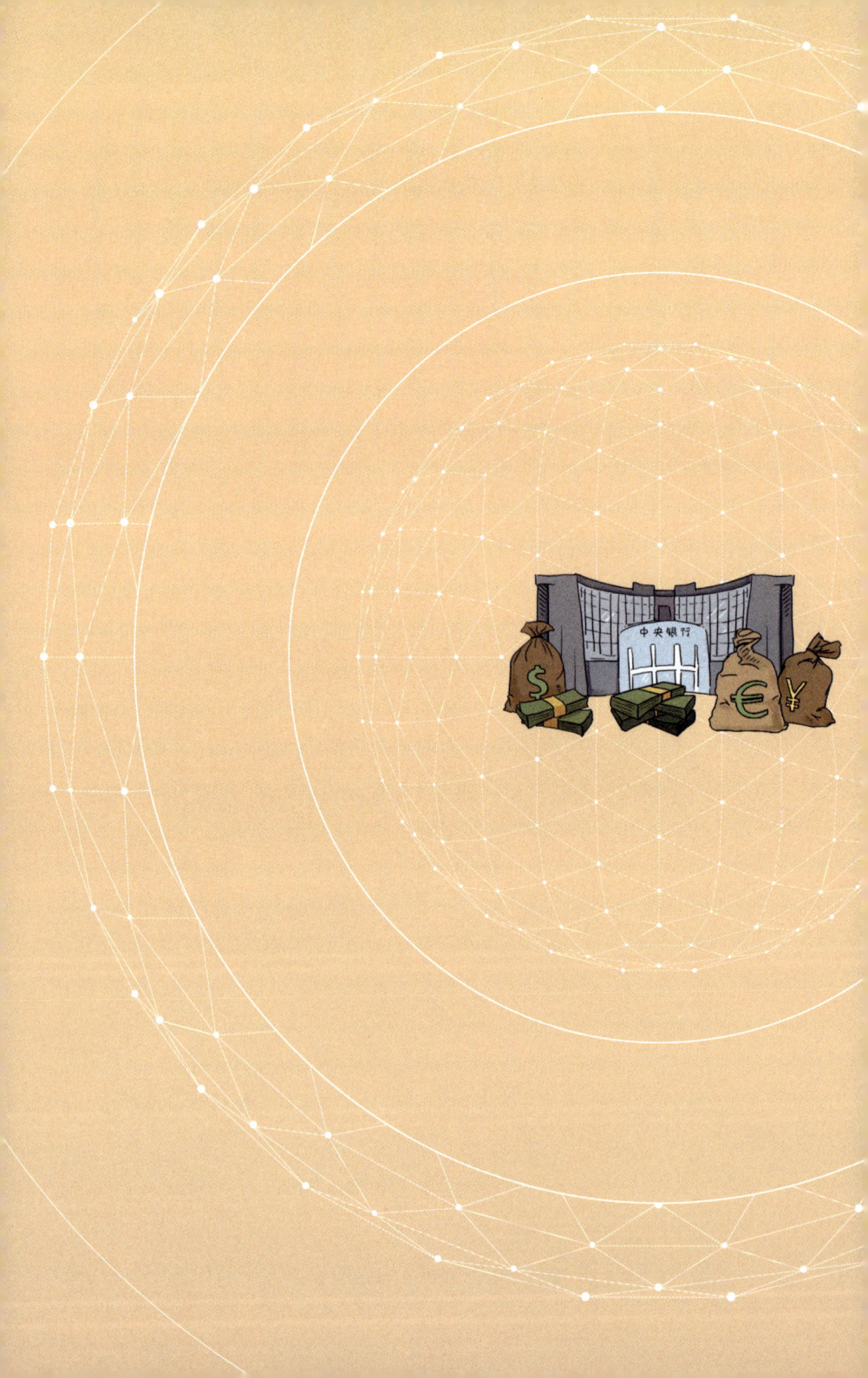

第三部分

梦幻与泡沫

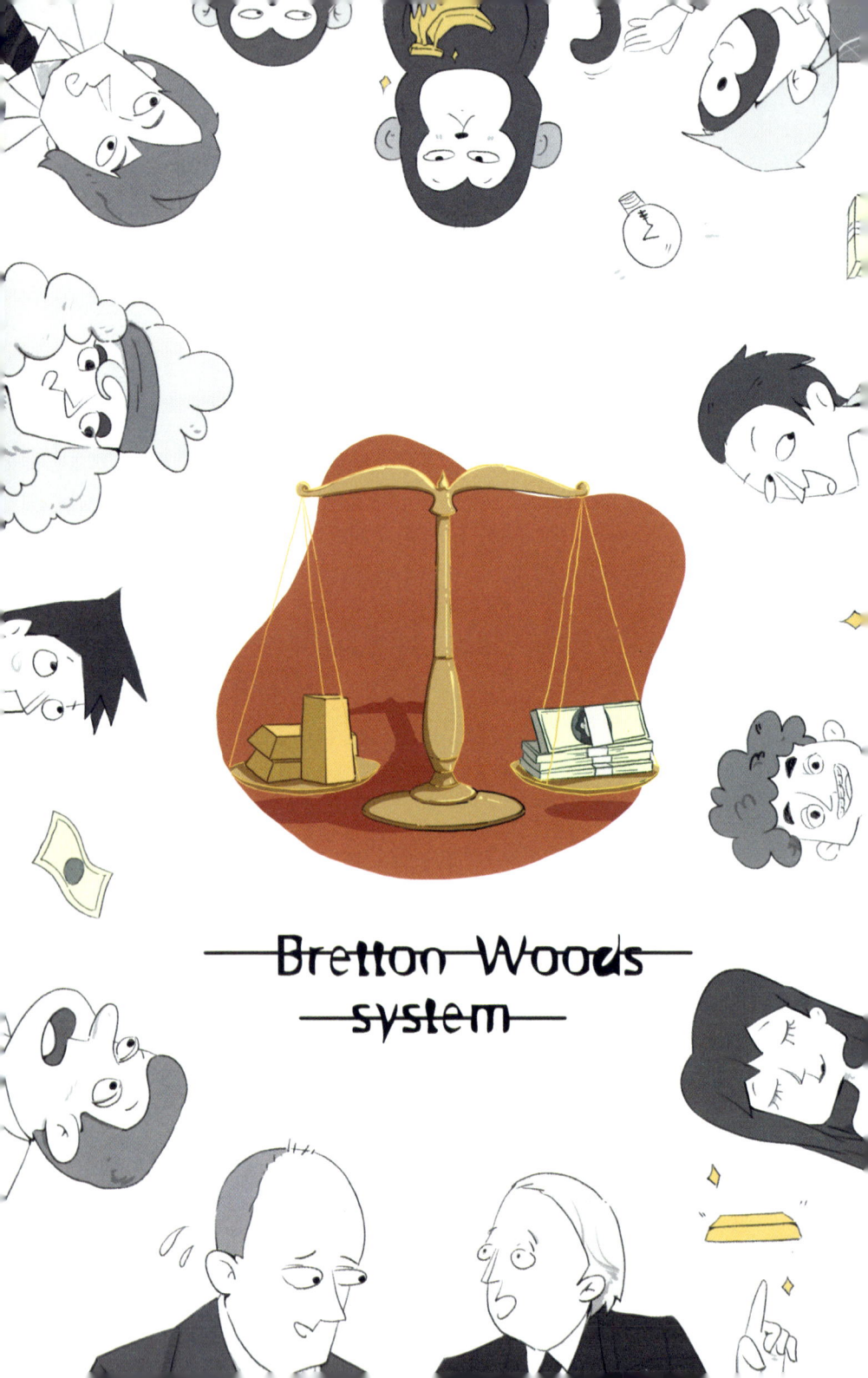

~~Bretton Woods system~~

第九章

布雷顿森林体系：
金融霸权的昙花一现

归根结底，金融秩序的构想和实施是一个复杂的数学问题。或许在那些人类智慧无法触及的领域，还是要把希望寄托于科技手段和更加强大的算力，方能克服隐藏在细节之中，却极易引发灾难的制度缺陷。可以预见，布雷顿森林体系还会有层出不穷的继承者，但愿这些继承者能够引导世界金融秩序走向正轨。

中央银行制度出现后的几个世纪里，各国纷纷效仿英国，成立了自己的中央银行，并开始了一场以金融创新来提升经济活力的"军备竞赛"。在这场暗流涌动的战争中，各国央行智囊团大开脑洞，试图通过更多的金融工具定向影响市场，将市场规模、商品价格波动性等关键因素牢牢掌握在自己手中。这一时期，纸币已经逐渐取代金属货币，成为主要的支付手段。

1914年，一战爆发后，黄金成为国家战略物资，一些参战国开始限制黄金的流通，由银行券发展而来的纸币也不再可以自由兑换黄金，原本牢不可破的金本位制出现了裂缝。战争结束后，各国经济出现了不同程度的问题，尤其是战败国，几乎无力承担战争赔款，更不可能维持金本位制。到了20世纪30年代，放弃金本位制的国家开始意识到自发货币贬值行为对于提升跨国贸易活力的意义：在供求关系没有出现剧烈波动的情况下，本国货币贬值可以有效吸引国外客户和投资者，提升本国商品的竞争力。

但竞争性的货币贬值本质上是一种恶性的贸易保护行为，原因在于类似行为具有传导效果。一旦有一个国家发起了竞争性货币贬值，其他意识到问题所在的国家也会同步进行货币贬值。1931年，老牌资本主义国家英国宣布脱离金本位制，英镑对黄金以及其他与黄金挂钩的货币发生了不同程度的贬值。这一举动几乎刺激了所有尚在执行金本位制的国家，一年不到的时间里，十余个国家接连退出金本位制，一起加入了这场贬值大潮，侧面酿成了20世纪30年代的全球经济大萧条。

一般认为，大萧条是1929—1933年发源于美国、传向整个资本主义世界的一场金融危机。这场危机造成了非常恐怖的后果：失业人口激增，领取救济物资的人群激增，上百万学生被迫辍学，受困于饥饿和精神压力的人们相继自杀。美国社会纪实作品《光荣与梦想》称："千百万人只因像畜生那样生活，才免于死亡。"

同样可怕的经济问题很快传导至德国，在各国陷入大萧条时，原本依靠外国投资和援助计划维持经济稳定的德国压力倍增，德国马克几乎快要贬值为废纸。此时的德国政府没有任何办法稳定局势,更不能将人民从失业潮中拯救出来。这就给了奉行极端主义的纳粹党一个绝佳的温床,纳粹党通过一些非正常手段暂时缓解了德国的经济问题,并许诺给德国人一个梦寐以求的未来。这直接导致德国政权交替,进而导致了二战的发生。

作为有史以来最血腥惨烈的战争之一,二战给全人类带来了巨大的伤痛。1944年7月,随着这场战争进入尾声,各国政府终于可以沉下心来,通过一场会谈商讨一下战后世界的重

建问题。一个无法回避的主题是，如何为战前无节制的竞争性货币贬值乱局收场，并通过制度设计确保这样的荒诞情况不会再次发生。通过这场战争，所有人都意识到金融秩序已经是世界政治秩序的重要组成部分。随心所欲地使用货币政策，必然会酿成世界范围内的灾难。

但当时很多国家已经因为战争而千疮百孔，与其说这是一场世界经济会谈，不如说是一场集体妥协。为了换取战后重建国家的筹码，大多数国家不得不受制于人，在这场会议中充当有利可图的配角。而这场会议的主角，非英美两国莫属。更进一步来说，这不是一场公平的对决。此时的英国早已不是那个神话般的日不落帝国，其殖民地和经济优势已经在战争中消耗殆尽。取而代之的美国，则在二战中通过军火和物资输送从英国手中得到了大量核心资产，并对英国开出了极为苛刻的交易条件。

比如，1941年，美国为英法等参战国提供武器装备时，对英国提出了一个附加条款，要求英国在获得援助前必须先出售所有在美国有价值的企业。这是一条非常残酷的条款，这些优质企业本来是英国的希望，可以源源不断地为英国提供现金流，而英国面对刻不容缓的战局，不得不贱卖掉这些核心资产。德国军舰兵临城下之际，美国又用50艘旧驱逐舰换取了英国

8座岛屿（群）99年的使用权。这更是血本无归的买卖，但英国不得不接受。

就像当时的英国首相丘吉尔用来自嘲的那句话，他的美国朋友在二战中"不放弃任何一次肢解大英帝国的机会"。而我们即将介绍的这场布雷顿森林会议，本质上就是美国肢解大英帝国的终局之战。表面上看，大英帝国已经日落西山，海外的核心资产和黄金储备都已经归入美国名下。但美国人无比清醒地知道，仅靠这些还不足以完全取代英国，他们还需要一个关键道具：英国人手中的金融法杖。这把法杖赋予了英国人点石成金的能力，无论遭受多么沉重的打击，他们都可以凭借法杖的力量卷土重来。

这把金融法杖在当时，还有另一个广为人知的名字，即英帝国特惠制。

英帝国特惠制始于20世纪30年代，正值各国发起竞争性货币贬值的高峰期。英国通过自己的政治影响力，依托自治领和殖民地建立了一个以英镑为支付手段的利益集团，加拿大、澳大利亚、新西兰、纽芬兰、印度、南非等英联邦成员悉数加入。该集团在商品交易方面对内部成员给予最大程度的优待，而对外部国家收取高关税，提高其商品的准入门槛。这一制度最大程度保护了大英帝国和英镑在势力范围内的主导地位，却把其他资本主义国家排除在外，是一种最高级别的贸易保护。

这一门槛对于处在贸易发展上升期的美国、德国来说，简直是一个噩耗。即使美国制造的商品品质更优、价格更低廉，也没有办法进入这片市场。商品滞销对美国经济造成的压力是致命的：如果没有二战，美国将完全受制于这套体系，逐渐丧失自己在一战前后积累起来的优势。英国则可以不断回血，重新回到世界霸主的王座。但假设终归是假设，二战后美国再次拥有了绝对优势，英国却是"赢家中的输家"。美国人自然不会放弃这个天赐的良机，他们必须在布雷顿森林会议上彻底击溃英国。

英国怎会不知这场会议的凶险程度，但他们必须奋力一搏，守住帝国的金融法杖。同时他们也满怀信心，只要能够扮演战后世界秩序的总架构师，就可以通过制度设计让大英帝国重返巅峰。

被委以重任的约翰·梅纳德·凯恩斯是当时经济学领域最有影响力的经济学家之一。他曾长期担任《经济学杂志》主编和英国皇家经济学会会长,因开创了经济学的"凯恩斯革命",被后人称为"宏观经济学之父"。1940年,凯恩斯出任英国财政部顾问,是英国经济政策的主要倡导者,并在1942年被晋封为勋爵。

声名显赫的凯恩斯勋爵对于英国乃至世界存在的经济问题有一番清晰的洞察，为此他准备了一整套国际清算同盟计划，并且充分考虑了当时英镑与美元的强弱关系。在他看来，最有利于英国战后发展的解决办法就是把现有货币秩序推倒重来，由国际清算同盟发行统一的世界货币，根据战前进出口贸易的均值在各国分配初始货币。

事实上，这是一套处处透露着野心的计划。战前，货币发行一般与黄金储备挂钩，而此时世界 70% 以上的黄金都掌握在美国手中，一旦按照凯恩斯的计划发行世界货币，相当于直接废掉了美国通过贸易积累的黄金储备。这套货币发行规则，对于战前实行帝国特惠制的英国来说是一个巨大利好，毕竟在贸易保护规则下，英国的贸易总值明显高于其他国家，可以得到更充足的初始货币。不难想象，如果这套计划在布雷顿森林会议上通过，可以最大程度地保护英国金融霸主的地位。

对于这套计划，英国方面空前自信，他们自认为这是天衣无缝的设想，也必然不会被那些金融后生察觉到其中的奥秘。再加上去会议现场提案的凯恩斯是一个辩论高手，又在经济学界有着极高的声誉，似乎没有人可以在制度设计方面威胁到这位泰山北斗级人物。会议召开前，哈利法克斯勋爵在凯恩斯耳边的低语也反映出英国政界普遍乐观的心态，他说："没错，他们是有钱袋子，但是我们有的是脑瓜子。"

很快，英美双方的对决如期而至。布雷顿森林小镇位于美国东北部新罕布什尔州，1944年7月1日，44个国家或政府的730名代表齐聚于此。据说，把会议地点选在这里是凯恩斯的要求。毕竟，如果选在政治意味更为浓烈的华盛顿，会让英国感觉颜面扫地。

在会议上，凯恩斯职业生涯中最大的对手出现了，这个人就是美国财政部长助理哈里·怀特。彼时，没有人注意到这个不太起眼的小角色。毕竟在凯恩斯光芒万丈的背景下，怀特的履历显得非常平庸。他出身贫寒且不善言辞，在此之前几乎没有发表过任何有影响力的学术观点。最让人觉得没有悬念的一点是，怀特在大学期间就是一个坚定的凯恩斯主义者，受到凯恩斯学术思想的熏陶。如今怀特要为国家利益和偶像针锋相对，看起来几乎没有任何胜算。

当然这只是表面现象，这场会议在一些肤浅的媒体看来是凯恩斯和怀特个人才智的比拼，其本质却是资本主义世界霸权的新旧交替。一方拼死抵抗，另一方志在必得。对于凯恩斯提出的国际清算同盟计划，怀特也有备而来。他主张建立一只数额庞大的国际货币稳定基金，并根据各国的认缴份额分配权益，同时要求各国货币不得随意贬值。该方案的设计出发点与凯恩斯计划有相似之处，都是旨在建立一套稳定的国际货币机制，防止竞争性货币贬值发生。只不过，与凯恩斯推倒重来的方式不同，怀特计划坚持货币发行和表决权应该与认缴份额挂钩。

想也不用想，这只基金必然是通过黄金储备认缴的。这就等于把拥有庞大黄金储备的美国和美元送上了神坛。按照这个规则，美元将成为一种高级货币，其权限也会远远大于其他国家的法定货币。

事实也是如此，在怀特计划以压倒性优势通过后，美元开始与黄金挂钩。各国确认1944年1月美国规定的35美元一盎司的黄金官价，每一美元的含金量为0.888 671克黄金。各国政府或中央银行如需兑换黄金，必须先把本国货币按汇率兑换为美元，之后才可以按官价向美国兑换黄金。同时，各国货币按照含金量确定与美元的兑换比率，该汇率确定后只能在上下1%的幅度内波动。一旦超出波动范围，各国政府必须主动对外汇市场进行干预。

客观来说，怀特计划是一个接近自由市场经济的模型，既解决了竞争性货币贬值的问题，又简化了货币汇率问题，理论上可以稳定跨国贸易。在金本位制土崩瓦解后，这一货币制度依然牢牢盯紧黄金储备，在发币规则上看起来比较公平。当然这套计划的动机也非常明显：一旦促成，坐拥世界 70% 以上黄金储备的美国将通过美元输出端坐于市场经济上游。随着美元的需求量激增，产生的铸币税可以使美国最大程度享受战后重建带来的红利。自此，黄金将成为一个被锁起来的货币符号，而美元会完全取代黄金，成就美国的世界金融霸权。

这不是天方夜谭，在怀特计划实施后的二三十年间，这一制度在全球市场体现出了令人惊叹的优越性，并且为战后经济复苏做出了重要贡献。在跨国贸易和支付流程有了公允规则后，战前混乱的竞争局面得到了根本性改变。对于百废待兴的战后各国来说，这确实是一剂良药。至于保护主义至上的英帝国特惠制，也在布雷顿森林体系的货币规则下逐渐被边缘化，最终彻底瓦解。

在后世的很多解读中，常常会把布雷顿森林会议视为一场怀特与凯恩斯的宿命对决。会议期间，美国方面为了牵制凯恩斯，也使用了很多干扰策略。这些细节被刻意放大，使得布雷顿森林会议看起来像是一场智力层面的博弈。其实稍加审视就会发现，这样做完全错判了当时的局势。凯恩斯计划被否定的核心原因是，英国已经没有了任何政治筹码，只能在谈判桌上任人宰割。由此可知，在全球化的趋势下，金融秩序已经成为政治的延续，是比武力统治更加一劳永逸的集权方式。在意大利、荷兰、英国纷纷尝过金融统治的甜头后，美国终于掌握了金融话语权。

不过，正因为美国是布雷顿森林体系的最大推动和支持者，所以美国必须克服战后重建期最大的困难：美国牢牢把持着黄金储备，而金融牌桌上的其他国家都处于崩溃边缘。如果不妥善考虑这些国家的重建问题，布雷顿森林体系最终只能是美国的独角戏。为了解决各国在重新起步阶段的资源匮乏问题，美国在1948年通过了著名的马歇尔计划，对西欧诸国展开大规模的经济援助。马歇尔计划其实非常通俗易懂：美国以无偿援助和贷款的形式向被援助国提供总额高达130亿美元的援助。这些救助款的用途被严格限定，只能优先采购美国商品。

这一计划相当于在布雷顿森林体系的"副本"里，对外发放了一轮"初始装备"，好让其他国家可以按照美国霸权梦的规划走下去。不过，历史早已经证明，金融是最难驾驭的一股力量。布雷顿森林体系的设计初衷是确保美元在世界金融环境中的霸权，但其最后的结局让人大跌眼镜。

1971年8月，尼克松政府宣布实行新经济政策，停止履行用黄金兑换外国政府或中央银行的美元的义务。1971年12月，以《史密森协定》为标志，美元对黄金贬值，美联储拒绝向国外中央银行出售黄金。至此，美元与黄金挂钩的体制名存实亡。

布雷顿森林体系的崩溃，其实在怀特计划中就埋下了种子。

虽然该计划有清晰的规则，却忽略了一个重要问题：在世界经济欣欣向荣的背景下，外部市场需要更多的美元方能支撑起日常交易的量级。这就需要美国开足马力疯狂印钞。而在货币的另一端，美元与黄金始终保持固定汇率。早晚有一天，美国向海外发放的货币总量会大于其黄金储备，而这一天将是布雷顿森林体系的崩溃日。

不过，按照美国的设想，这一天永远不会到来。在他们看来，超发的美元会在外国人采购美国商品时流回美国，他们对于美国商品的竞争力格外乐观。尴尬的是，布雷顿森林体系所带来的自由市场贸易打破了美国制造的神话。在各国商品竞争力显著提升后，美国逐渐出现了贸易逆差。1951年，美国的美元债权总额为89亿美元，与美国官方黄金储量价值的比例为39%。到了1960年，这两个数字变成了210亿美元和118%。在海外流通的美元已经超过了美国国内的黄金储备，为危机埋下了伏笔。

当唯一可以回收美元、对冲货币贬值的机制开始失灵，手持美元的其他国家也不再愿意拥护美元，转而开始兑换黄金。随着黄金储备大量外流，布雷顿森林体系的基石开始动摇，美国政府被迫切断了美元与黄金的联系。在此之后，以美元为中心的金融秩序不复存在，美元从超级货币降级为一般主权货币。

伴随布雷顿森林体系出现的国际货币基金组织和世界银行却完整地保存了下来，继续发挥着稳定金融市场的作用。

当然，美国没有因为布雷顿森林体系的崩溃而一蹶不振，美国人又通过让美元与石油挂钩等方式调整游戏规则，强化美元作为国际货币的不可替代性，不过这些都是后话了。

布雷顿森林体系的建立与崩溃让我们意识到，通过金融手段维持政治影响力，是超级大国的终极目标。不过顶级金融架构设计者的弄巧成拙，也为后继者们敲响了警钟。

归根结底，金融秩序的构想和实施是一个复杂的数学问题。或许在那些人类智慧无法触及的领域，还是要把希望寄托于科技手段和更加强大的算力，方能克服隐藏在细节之中，却极易引发灾难的制度缺陷。可以预见，布雷顿森林体系还会有层出不穷的继承者，但愿这些继承者能够引导世界金融秩序走向正轨。

FINANCIAL TIMES

第十章

索罗斯的危险游戏：
不堪一击的金融秩序

这是一个最好的时代，这是一个最坏的时代；这是一个智慧的年代，这是一个愚蠢的年代；这是一个信任的时期，这是一个怀疑的时期；这是一个光明的季节，这是一个黑暗的季节；这是希望之春，这是失望之冬；人们面前应有尽有，人们面前一无所有；人们正踏上天堂之路，人们正走向地狱之门。

自从货币被创造出来，金融秩序就开始了不断的自我进化。它经历过战争的洗礼和血腥的镇压，也曾玩火自焚、作茧自缚。在几千年的演进过程中，它既是曙光，又是黑暗。像是要把人类从野蛮与武力中彻底拯救，又在关键时刻变成敌我不分的死亡战车横冲直撞。对于金融秩序未来图景的描绘，没有什么比狄更斯在《双城记》里的表述更加适合：

> 这是一个最好的时代，这是一个最坏的时代；这是一个智慧的年代，这是一个愚蠢的年代；这是一个信任的时期，这是一个怀疑的时期；这是一个光明的季节，这是一个黑暗的季节；这是希望之春，这是失望之冬；人们面前应有尽有，人们面前一无所有；人们正踏上天堂之路，人

们正走向地狱之门。

布雷顿森林体系土崩瓦解后,世界货币制度再次经历了混沌与迷茫。短暂的动荡后,1976年1月,国际货币基金组织临时委员会在牙买加举行会议,达成了《牙买加协定》,把狂躁不安的世界货币重新拉回条条框框之中。《牙买加协定》全盘推翻了布雷顿森林体系的汇率挂钩制度,全面开启了浮动汇率制度,同时推动黄金朝非货币化方向前行。

不可否认,牙买加体系堵住了布雷顿森林体系的制度漏洞,成为新一轮货币乱局的"救火队长"。但从另一个视角看,这似乎是一个令人费解的循环:20世纪30年代,各国货币的竞争性贬值引发了乱局,在残酷的二战后,各国通过布雷顿森林

体系达成了货币稳定的共识,然而就在几十年后,新的制度又给竞争性货币贬值行为打开了一个豁口。这不禁令人担忧,世界金融秩序的操盘者们好像仍被困在迷茫的十字路口,凭借惯性向前行进。

在"前任"基础上不断推陈出新的金融秩序,反而变得更加不堪一击。只要被人稍稍一碰,就会像多米诺骨牌一样轰然倒塌。20世纪90年代,推倒第一块多米诺骨牌的人出现了,他就是乔治·索罗斯。

牙买加体系形成后不久,二战前的汇率波动问题又开始上演。为了应对这一局面,1979年,欧洲共同体推出了欧洲汇率机制,希望通过这一机制约束成员国货币汇率波动过大的问题。按照规定，新成员国在加入欧洲共同体前，应将其货币纳入该体系，确保汇率在中心汇率上下 15% 的区间内波动，为时两年。事实上，二战前各国汇率处于大幅度波动状态。之后，布雷顿森林体系要求各国汇率在极小的范围内波动。再然后，牙买加体系重新放开了各国汇率的波动范围。新的欧洲汇率机制，无非是上述几种制度后的又一次试验。而乔治·索罗斯很快就用行动证明，金融制度创新竟是如此苍白无力。

在欧洲汇率机制正式启动的约 10 年后，1990 年，英镑也加入了该体系。说到这里，必须简单回顾一下二战后英国的发展路径。被美国夺走了大量特权和资源的英国面临三个选项：第一，重新组建昔日辉煌的英联邦；第二，忍辱负重，巩固和美国的盟友关系，借助美国这个新霸主的实力逐渐恢复元气；第三，拥抱新欧洲，与德国、法国、意大利等欧洲国家站在同一阵线谋求发展。

最初，英国先后选择了前两条路，但事实很快给这个昔日帝国泼了一盆刺骨的冷水：英国对英联邦的掌控力不断下降，曾经的殖民地已经有了难以逆转的独立意识，英国难以像旧殖民地时期那般施加强大的政治影响力，再加上这些国家的基础国力比较薄弱，此时完全是自顾不暇，根本无法为英国复苏带来协同价值；而亲自操刀肢解了大英帝国的美国更是乐得清闲，双方始终貌合神离。最终，英国选择放下身段走第三条路，加入了欧洲阵营。

选择让英镑加入欧洲汇率机制，就是英国的"歃血为盟"。在此之后，英镑必须按照规则与欧洲国家的货币挂钩，其中英镑与联邦德国马克的中间汇率被定为 1∶2.95。单看这个比率，大多数人完全没有概念，甚至有人会觉得奇怪：作为二战战败国的联邦德国，为何货币价值会超出战胜国英国如此之多？

战后重建初期，联邦德国背负着沉重的战争赔款。再加上战后联邦德国人口总数剧降，缺乏年轻男性劳动力，各类日常生活物资极度匮乏，街头巷尾随处可见不得不参与工作的老年妇女，国家前景似乎黯淡无光。

不过随着战争结束，新的暗流开始涌动，联邦德国成为资本主义阵营压制苏联的前哨，迅速得到了大量战略资源。美国的马歇尔计划为联邦德国提供了应急资金，为恢复联邦德国的金融信誉提供了支柱。有了雄厚的金融基础后，联邦德国重新拥有了组织与调配方面的统筹影响力。原本就拥有煤、铁等资源储备，擅长工业和制造业的德国人找回了自己的节奏。1950年后的20年里，联邦德国年均经济增长率竟保持在10%以上，重新成为西欧经济的领头羊。

至于英国，战前依靠殖民地的输血模式已经无法继续，如今要撸起袖子亲自下场抓经济，根本力不从心。其实早在一战后，英国经济就已经受到了影响，没等经济恢复、走回正轨，又进入了二战。在二战后期，英国完全是在用家底打仗，导致本国经济发展几乎完全停滞，就连曾经世界无敌的海军也是元气大伤。战后复苏时期，英国就像是一个被美国处处设防的"太上皇"，没有任何施展空间。

世界银行数据显示，1990年，英国GDP在1.09万亿美元左右，德国则达到了 1.76 万亿美元，仅次于美国和日本。此时，英国经济的增长已经进入衰退期，而德国的经济奇迹才刚刚开始上演。正在酝酿中的联邦德国和民主德国的合并，很快就会送上一记神助攻。此消彼长之下，英国和德国的经济实力已经不可同日而语。

在这个时间点，双方被 1∶2.95 的固定汇率强行捆绑在一起，就好比让一位垂暮老人和一位血气方刚的年轻人以相同的速度进行一场长跑比赛。年轻人尚在热身阶段，老人已经气喘吁吁。等到正式开跑时，结果已不言而喻。偏偏在这个时候，"教练"又下达了加速指令：柏林墙倒塌后不久，联邦德国和民主德国在 1990 年 10 月 3 日统一，进一步刺激了德国经济。德国央行开始上调利率，抑制通货膨胀。

上调利率后，德国马克立刻出现了升值预期。而被汇率绑在一起的英镑也必须做出一致行动，否则国际投资者会争相抛售英镑、买入马克，加大英镑的贬值压力，届时英国央行稳定英镑价值的难度会继续加大。但问题是，英国的基本面没有任何改善，强行上调利率带来货币升值就是在打肿脸充胖子。而如果放任英镑贬值，就是公然在欧洲汇率机制内违规，这又与英国拥抱欧洲的国策背道而驰。骑虎难下的英国人只得开始运作政治手段，试图说服德国马克降低利率，或者让欧洲其他国家睁一只眼闭一只眼，暂时允许英镑贬值。

然而，上述两个设想根本无法实现。前者关乎德国自身的利益，容不得半分妥协；至于后者，英国本就是组织的"新人"，刚刚加入就开始索要特权，自然不会得到其他国家的支持。于是英国只得半推半就地紧跟德国速度，同时通过对外喊话提振信心。英国的政治领袖和财经专家们争相表态，认为英国可以在欧洲共同体站稳脚跟。但是这种级别的安抚行为在索罗斯看来，就像是一场拙劣的舞台剧。他深刻地洞察到德国与英国的经济状况的差距只会越来越大，英国的一意孤行将引发一场灾难。

索罗斯站到了整个市场的对立面。在多数投资者看来，英国必然会为了捍卫货币地位力挽狂澜。选择与英镑站在一起，就是与英国的国家信誉站在一起，这几乎是一场不会输的赌局。然而，索罗斯认定这是一个千载难逢的机会。看到这个国家持续犯错，索罗斯要与英国对赌，赌英国的明天。而他的下注方式，就是通过对冲基金实现的。

20世纪50年代，对冲基金逐渐走上资本舞台，用于服务高净值客户。对冲基金的发明初衷在于规避投资风险，有效缓解资产价格下跌给投资者造成的巨额损失。最初的对冲基金具有一定的金融保险属性，但在基金运作过程中缺乏操作规范，很多对冲基金甚至因为基金经理的主观意愿而放弃对冲，转向单边做多市场，失去了避险能力。因此，这一时期的对冲基金并未被视为主流投资工具，基金规模和受关注度普遍偏低。

直到20世纪90年代，对冲基金的先行者们凭借这一工具取得了不俗收益，大量机构投资者开始使用对冲投资策略，并

给予对冲基金操盘者极具诱惑力的业绩提成。在媒体的广泛报道下，对冲基金的理念深入人心，资产规模有了质的飞跃。与此同时，随着世界金融通道变得越发顺畅，对冲基金的适用范围不断提升：基金经理可以通过宏观分析，对国际政治局势进行押注，实现跨国对冲。索罗斯的量子基金就是一颗冉冉升起的对冲新星。

量子基金原名双鹰基金，由索罗斯和吉姆·罗杰斯于1969年创立，初始资本为400万美元。1979年，双鹰基金改名为量子基金，资产规模扩张至上千万美元。量子基金依托于管理团队对世界金融与政治格局的深刻理解，主要在世界范围内寻找投资标的和做空对象。这只基金眼光独到、风格凶狠，在发起攻势前，量子基金会通过私募等隐秘的方式筹集资金，精确计算交易双方的资产规模和势能，确保一击必中。

显然，要想挑战英镑可不是易事。计算英格兰银行所能使用的金融筹码谈何容易，既需要对英国国情有一个基本认知，又要对英国的国家信誉、可借贷资产有一个量化印象。一旦准备不够充分或者错判了英格兰银行的实力，做空英镑的资产就会石沉大海，甚至会葬送掉苦心经营多年的量子基金。索罗斯必须等待或者创造一个阻击英镑的最佳时机。

在此之前，量子基金找到了与英镑处于同样境遇的意大利里拉小试牛刀。在索罗斯等人看来，意大利的经济形势不断恶化，完全没有财力跟上德国马克的升值预期。在量子基金做空意大利里拉后的三天，意大利方面就放弃抵抗，退出欧洲汇率机制。有了这次实战经验后，量子基金对于做空英镑更是胸有成竹。

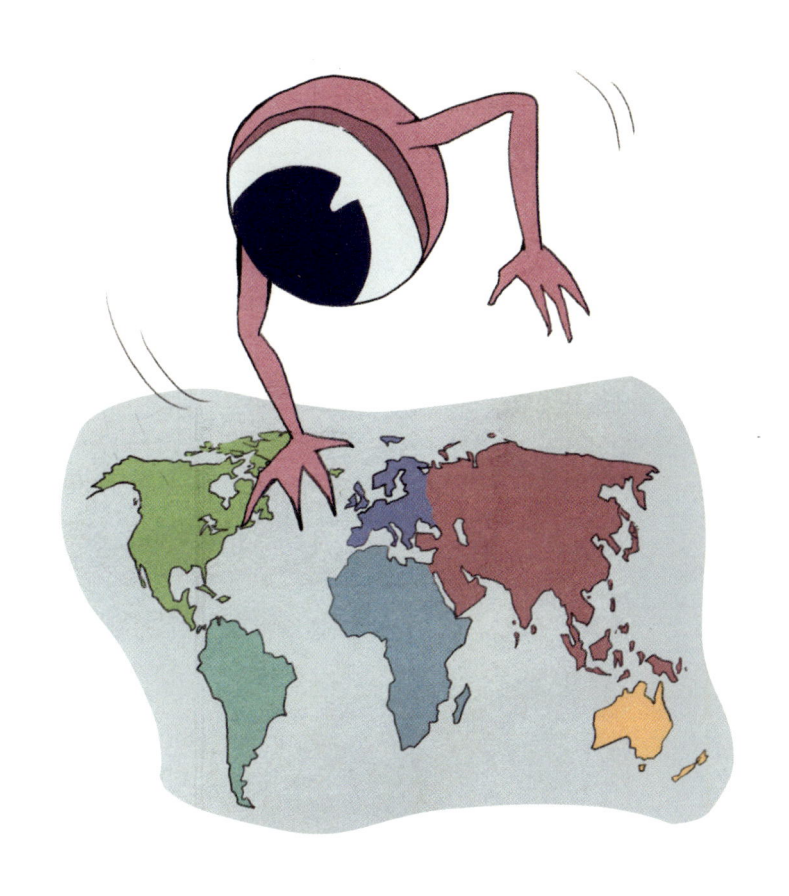

1992年9月15日，量子基金开始动用高杠杆大规模卖空英镑，买入德国马克，并且有节奏地用资金买入英国股票，卖出德国股票。这也是基于索罗斯对英镑贬值、德国马克升值预期的连续性动作：英镑贬值预期必然会导致英国股市上涨，德国马克升值则会让德国股市承压。这场赌局的逻辑也非常明显，只要量子基金与其他做空机构形成合力，覆盖英格兰银行可动用的维稳资产总额，就会一举击溃英镑，接下来事情就会按照索罗斯的设想发生。

发现境外做空势力的意图后，英格兰银行自然不会束手就擒。它动用了269亿美元的庞大资金承接被市场抛售的英镑，同时将利率提升至15%。

在双方的角力过程中，闻讯赶来的空方势力逐渐加入战局，无法得到德国支持的英格兰银行只能孤军奋战。随着空头趋势渐成，血腥的味道引来了更多资本鲨鱼。1992年9月16日，英格兰银行最终放弃了抵抗，宣布退出欧洲汇率机制，英镑汇率恢复到自由浮动的状态。这意味着英格兰银行之前打出去的弹药有去无回，其中包括很多通过国际货币基金组织借来的有息资金。1992年9月16日这一天，被英国人称作"黑色星期三"。

反观量子基金，在一晚上的时间里帮助索罗斯赚取了9.58亿美元。这只基金在英国、法国和德国的利率期货上赚取了20亿美元的总利润，基金规模增长了67.5%。量子基金因此名声大噪，索罗斯也被称为"打垮英格兰银行的男人"。

对于索罗斯通过做空英镑取得的空前成功，外界褒贬不一。称赞者称索罗斯为最伟大的做空者，而遭到量子基金洗劫的国家却对他恨之入骨。当然，这不是他最后一次通过做空手段在金融市场上兴风作浪。1997年，索罗斯又带领量子基金血洗了东南亚市场。

索罗斯在自己的著作《金融炼金术》中认为，他正在操纵一个与主流概念不符的概念框架，刻意去发现一些与主流观点不符的投资想法，并在这些想法中找到最佳的获利机会。于他本人而言，在金融市场中寻找真理远比获取巨额收益更有意义。这也是为什么他会逐渐淡出量子基金，转向慈善和哲学领域。

据说，索罗斯把基金名改为"量子"，是从德国物理学家、量子力学创始人海森堡身上受到了启发。他非常推崇海森堡提出的"测不准原理"，因为在他看来，金融市场处于类似的状态，无法被数学工具精准计算。对于自己的哲学理论，索罗斯称之为"反身性"。他坚信，金融市场总是表现出某种偏向，且市场能够影响它所预期的事件。于是，市场的运动轨迹就取决于基本趋势和主流偏向之间的合力。索罗斯正是意识到基本趋势和主流偏向的背道而驰，才会决意与英格兰银行一战。

面对道德层面的指责时，索罗斯说过这样的话："实际上我没什么错。人们很难理解这一点，因为我在金融市场进行投机，完全是按照游戏规则进行的。如果禁止投机，我也不会投机。如果允许投机，那我就会投机。我只是其中的一个参与者，一个金融市场的合法参与者。我的行动无所谓道德或不道德，这里没有所谓的道德问题。"

回到主题，如今的金融系统确实如索罗斯所说，为投机者提供了有效的参与方式，并且这些方式都是符合监管要求与法规的。最关键的是，这种投机空间并非只存在于制度轮换期，而是长期存在。它和传统意义上的投资行为处于一种共生状态。因此，有必要用更加理性的思维去看待稳定系统中的投机行为。而真正引人深思的问题是，千年以来不断重组、巩固的金融秩序，为什么会孕育出一只吞噬财富的野兽，而且这只野兽的进攻欲望和实力还在不断强化。

不容否认，几乎所有金融体系在创造之初都有着高尚的初衷。但更不容否认的事实是，如今金融体系的进化速度远远慢于金融体系自我膨胀的速度。如果世界金融陷入类似英镑与德国马克的"死亡拉力赛"，后果不堪设想。我们已经看到，金融体系的内部防护系统是如此脆弱,如果在面对海量交易时发生系统性风险,又有谁能拯救这场浩劫?至少现在看来,中央银行是无能为力的。

如果金融行业真的会迎来审判日,当一切重返丛林法则时,千年时间沉淀下来的金融秩序怕也只是南柯一梦。

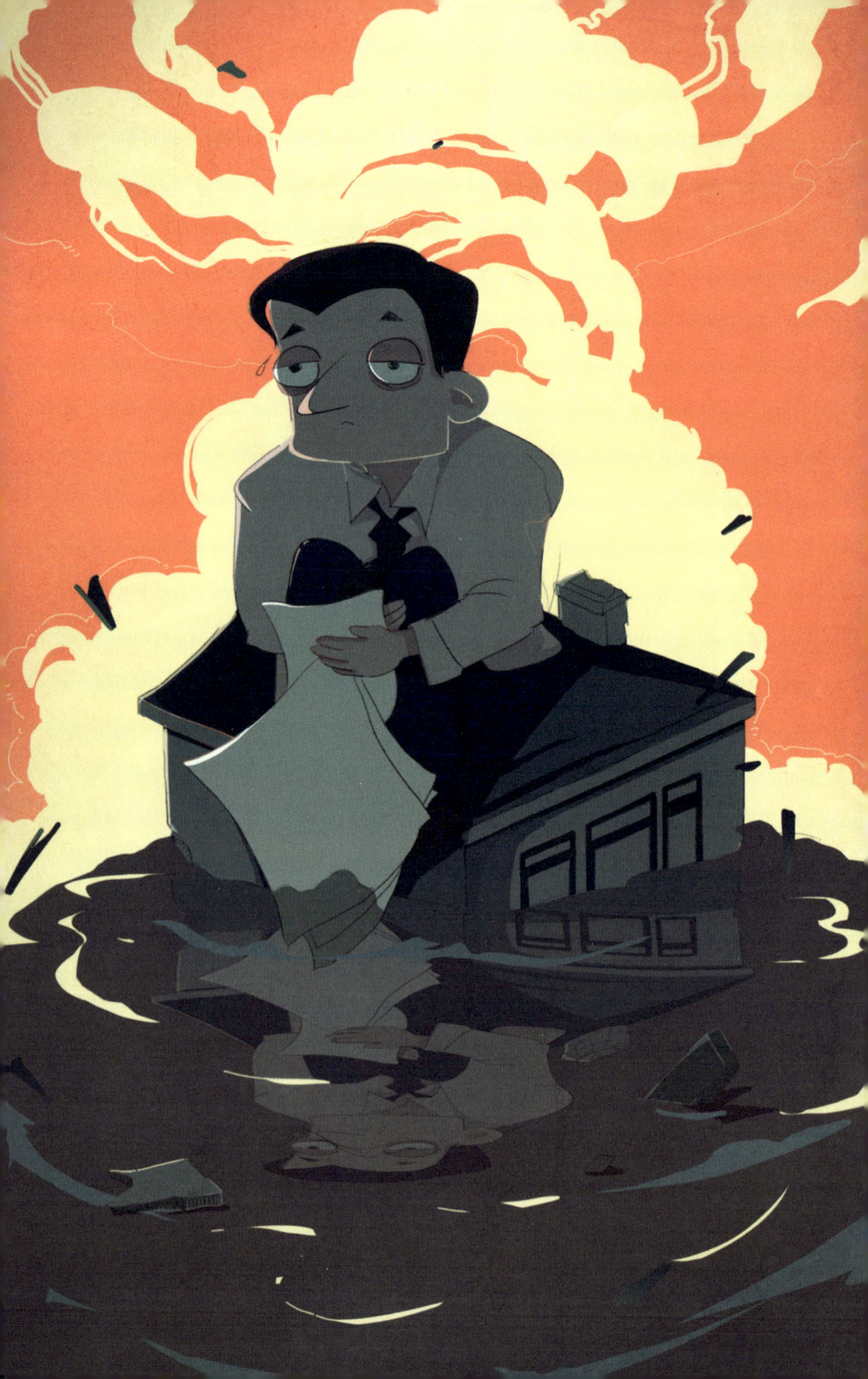

第十一章

次贷危机：
连环金融海啸

金融调控就是在预估了社会生产力水平后进行科学调控，而无限制的印钞、放贷，以及没有监管、没有底线的金融创新则会把一个蒸蒸日上的民族送上萧条之路。

买房是一个古老又永恒的话题，房子作为一种商品，不仅在情感寄托上有别于其他商品，在金融市场上，也常常作为一种特殊的工具，用来调控一个国家的市场经济。

每个未曾拥有房子的人都希望房地产市场是一个泡沫，最好明天房价就开始暴跌，希望太阳升起的时候就是膨胀的房地产市场到达极限的时刻，"啾"的一下爆开，然后骤然降至冰点。而每一个已经拥有房子的人则希望房价能够无限上涨，十万一平方米不是梦，百万一平方米触手可及，千万一平方米也不是不可以。

疯狂上涨的房地产市场就像是一个你知我知但大家都装作不知道的炸弹游戏，只不过游戏中的每个人都不希望自己是炸弹引爆后唯一被伤及的那个人。狂欢过后，仿佛所有人都挺开心，除了我们这些打工人。当然，被房子玩坏的不仅只有我们这些打工人，还有一个国家——美国。

现在，让我们把时间拉回到 20 世纪，看看美国华尔街的精英是如何收割资本，引起影响半个世纪的连环金融海啸的。

2000 年 3 月，微软在垄断案中败诉，以此为导火索，互联网泡沫破灭，大批互联网公司倒闭，大批互联网人失业，生活困苦，无以为继。

祸不单行，6个月后，一桩震惊全世界的惨案发生了。美国东部时间2001年9月11日上午，两架美国民航客机被恐怖分子劫持，分别撞向美国纽约世贸中心1号楼和2号楼。两座建筑相继倒塌，而世贸中心的其余5座建筑也没能幸免，受余震影响倒塌损毁。同日，另一架同样被恐怖分子劫持的民航客机撞向位于美国华盛顿的美国国防部五角大楼，五角大楼的局部结构损坏并坍塌。

"9·11"事件给美国带来了巨大影响。抛开反恐方面不谈，事件发生后，美国股民开始恐慌性抛售股票，股市暴跌。为了让美国振作起来，在出台了一系列刺激经济的政策和法令之后，美联储于2003年再次突破底线，将利率下调至1%。这意味着银行可以用1%的利率向美联储借款，然后再以一个很低的利率将贷款发放给个人或机构，没钱的人可以向银行贷款买房、买车。借未来的钱买现在的东西，挣到钱了再还回去，就这样，人人有房、有车、有卡的消费狂欢开始了。

就在没钱的人贷款花钱时，有钱的人也想花钱，怎么花？自然是去投资一些收益率高且风险低的项目。但因为美联储的利率只有1%，相应地，国债的利率也就只有1%，其他货币基金型理财产品的利率也高不到哪里去；而收益率高又风险低的房地产相关的投资又大部分只开放给机构，比如养老金基金、主权基金、共同基金等，所以有钱的人面临着有钱没处花的窘境。

但有需求就有市场，一拨人想借钱，一拨人想投资，这自然难不倒善于金融创新的华尔街精英们。于是，一个巨大的套娃游戏开始了。

首先，我们从金融创新，即风险转移的角度，来看看次贷危机的逻辑。1938年之前，美国房贷主要发放给首付50%以上、征信良好、有稳定收入的人群，且主要是5~10年的短期贷款。

之后，罗斯福总统进行了一系列经济改革，在1938年成立了房利美（联邦国民抵押贷款协会）。1970年，美国国会成立了房地美（联邦住宅贷款抵押公司）。房利美和房地美被简称为"两房"，"两房"通过购买联邦住房管理局认证的银行的房贷债券实现放贷和收贷。这个时候我们发现，放贷的金融风险从银行转移到"两房"，而"两房"也开始向低收入人群发放长期贷款。

之后，"两房"的规模越来越大，变成了巨型金融机构，它们也想转移自身的金融风险。此时，一个新的模式出现了——住房抵押贷款支持证券。这个模式主要干两件事：其一，从银行和相关机构收购住房抵押贷款的债权；其二，把这些债权打包成一个金融产品，即住房抵押贷款支持证券，然后把这个金融产品出售给那些觉得国债收益太低的投资者。

这时，银行和"两房"的风险就转移到了住房抵押贷款支持证券身上，进而转移到了投资者身上。数据显示，2000年，房利美的投资回报率达到了26%，房地美的投资回报率达到了39%，而同期银行的投资回报率只有14%。

高额的回报率和市场占有率吸引了觅食的华尔街群狼，金融机构正式进场,雷曼兄弟、高盛、摩根士丹利、美林等金融巨头纷纷下场厮杀。为了竞争市场,这些投行在证券中加入了房贷、学贷、卡贷等风险比较高的债券。但是它们也知道这些债券风险太高,不想独自承担,也想把风险转移出去,该怎么办呢?

于是,投行对债务抵押债券做了一个金融创新,即信用违约掉期。大家可以把这想象成是把所有的债券,包含房贷、车贷、卡贷、消费贷等等先统统投进一个大水池里,然后再把水池里的水分装到不同的盒子里。当贷款者还款的时候,资金会先流进最顶层的盒子里,顶层盒子装满后,再流进第二层盒子里,第二层盒子装满后,再流进下一层的盒子里。这样,最上层的盒子里装的债券就是最安全的,通过这样的分层,损失就能从上到下逐层吸收。

但是,仅仅通过分层显然无法打造一个"王炸"产品,还得继续加概念,怎么加呢?投行找来了两个帮手:一个是保险公司AIG(美国国际集团),为顶层的盒子购买了保险;另一个是号称客观中立的第三方评级机构,给顶层的盒子评AAA级。最终,通过品牌打造(第三方评级机构)、风险控制(保险公司)、产品设计(信用违约掉期)打造出了一个三位一体的完美产品。

这样一来，这家投行所持有的总债券的75%就变为了绝对安全的优质投资产品。我们假设这一层产品的投资回报率为5%，这就是一款卖给广大保守投资者的产品。剩下的还算安全的、评级为BB的中间盒子里的债券，就可以转卖给其他银行，或者将投资收益率定为8%，卖给能够承受一些风险的投资者。而最底层的风险最高的产品，则可以卖给对冲基金，或者将投资收益率定为12%，卖给风险投资者。

这样一圈下来，投行就把风险转移给了保险公司和投资者。当然这只是一个闭环，杠杆率还没有高到足以撬动美国的程度，但是如果再来几圈呢？假设 A 机构把 20% 中间盒子的债券卖给了 B 机构，B 机构买了无数个中间盒子甚至最底层盒子的债券，之后又分层了一次，再找来评级机构，中间盒子的债券又神奇地变成了顶层盒子的 AAA 级投资品，经过无数次这样的买卖、打包、分层再卖出，你还能算出这个金融债券组合里的风险究竟是多少吗？你还能算出你的一份贷款合同被多少家金融机构轮番使用过，进而加了多少倍的杠杆吗？

金融游戏都是越玩越上瘾，还想要更多怎么办呢？金融界想出了一个玩法——ABS 融资模式，就是以项目所属资产为支撑的证券化融资方式，即以项目所拥有的资产为基础，以项目资产可以带来的预期收益为保证，通过在资本市场发行债券来募集资金。

比如，你贷款买了一套房子，花了 100 万元，那么放贷机构就产生了一个个人借款合同，然后它把你的借款合同包装成一个项目，进行一次 ABS，用这个项目债券向银行借 100 万元的资金。

而后，第一次套娃开始了。放贷机构把向银行借来的钱借给了第二个人，这个人也买了一套 100 万元的房子，就又产生了一个新的借款合同。于是又可以进行 ABS 包装了，用第二个人的借款合同向银行再借 100 万元。这个玩法可以无限循环下去，这样一个 100 万就可以变成 10 000 个 100 万。

华尔街的投行通过这种套娃游戏把风险转移给保险公司，看起来万无一失：安全的债券如果收不回资金，有保险公司赔；而风险高的债券已经卖出去了，几乎可以保证稳赚不赔。但问题就在于，AIG 没有准备风险准备金。因为当时美国没有针对保险公司风险准备金的监管,而 AIG 认为美国的房价永远不会跌,所以准备空手套白狼。

一切风险都藏匿于疯涨的房价中。买房者疯狂地向银行申请贷款,等房价涨了之后把房子卖了,去还贷款。更有甚者抵押自己的第一套房申请第二套房的贷款,用第二套房的贷款还第一套房的贷款,同时抵押第二套房再购买第三套房,反正房价永远会涨,贷款买房者挣得盆满钵满。

而投资者也实现了躺着挣钱的愿望,挣得欢快且安心。投资者希望有更多的投资品,那就要有更多的房贷来打包,于是房产经纪人一方面要让更多的人贷款买第二套房、第三套房，另一方面要说服没有稳定收入和还款能力的人去借贷买房，这些人正是次级贷款的对象。于是雪球越滚越大，次级贷款的数量多到远远大于美国社会的兼容能力。但在房地产市场的问题没有爆发出来之前，人们一直沉浸在挣钱的喜悦中。

根据一组数据，在 2000 年的时候，一个房贷经纪人的年收入可以达到 700 万美元，证券公司的投资经理的年收入可以达到 150 万美元。而提供保险服务的 AIG 在 2005 年的收入是 44 万亿美元，提供评级服务的评级机构每评级一个包裹可以获得 50 万美元的评级费用。

然而，这一切美好都建立在美联储低利率放水的基础上。在巨大的经济压力和贸易顺差的国际形势下，挺不住的美国政府开始提高利率。2006 年，美联储将利率提高到 5.25%，还贷者的压力骤增。同时，很多申请次级贷款的美国人签的其实是浮动利率，具体表现就是前两年的利率和月供很低，但是随着时间推移，后面几年的月供是最初几年的 2~3 倍，再加上美联储利率升高，就更还不起了。于是大量的次贷者开始断供，投行和银行手里的房贷变成了断供者们的房子，而投行和银行要回收资金就要卖掉房子，但买得起房子的人越来越少，供远远大于求，房价开始下跌。

房价下跌之后，一部分原本还得起贷款的人发现房子只值10万而自己还有20万要还，也纷纷选择断供，不要房子了。投资者得知房贷全面断供，也不愿再投资了。积压在银行和投行手里的房子越来越多，它们想卖掉房子，但没人买。房子卖不掉，投行就没有钱兑现投资者的本金和收益，而它们投保的保险公司也因为没有准备风险准备金而无法提供保单服务。投行和银行倒闭了，投资者拿不回钱，而这些投资者中还有一大部分本身也是房主，于是这些房主也断供了。

炸弹一环一环地引爆。就在房价暴跌的一瞬间，美国人恍然发现，他们都没钱了。美国发生了自20世纪30年代经济大萧条以来的最大金融危机。

2007年8月6日，美国房地产投资信托公司申请破产保护。2007年8月9日，法国最大银行巴黎银行宣布卷入美国次级债。全球大部分股指下跌，金属、原油期货和黄金现货价格大幅跳水。2007年8月11日，世界各国央行在48小时内注资超 3 262 亿美元救市，美联储在一天内三次向银行注资共 380 亿美元以稳定股市。不久后，五大投资银行之一的雷曼兄弟宣布倒闭。美国最大的保险公司 AIG 在 150 亿美元的政府援助下才勉强活下来。整个华尔街，无数的商业银行和投行倒闭，无数的美国人失业，徘徊街头。不仅美国，全世界都陷入了次贷危机的泥沼中。

金融是个圈，历史是个轮回。金融游戏的本质就是借未来的钱干现在的事。放在一个经济体的运行中看，借未来的钱其实就是印钞，印钞可以人为使货币贬值，从而达到刺激经济的目的。

但是借未来的钱是有讲究的，不是随便借，也不是随便印。举个例子，假如你从 2025 年借了 1 000 亿元到 2020 年用来促进生产、加速产业升级，那就要在未来 5 年发展出超过 1 000 亿元的生产力和社会价值，从而使整个社会的生产总价值增长覆盖掉多印的那些钞票，才能让经济保持增长而不是倒退。

而且，不流动的钱是没有用的。对于整个社会而言，不流动的时候要储备对应价值的物资，用以应对不期而遇的流动，否则会危害社会的稳定。所以必须促进货币的流动，也就是促进消费。

金融调控就是在预估了社会生产力水平后进行科学调控，

而无限制地印钞、放贷,以及没有监管、没有底线的金融创新则会把一个蒸蒸日上的民族送上萧条之路。

当审判来临,千层套娃中的任何一只娃娃都不是无辜的,也都无法独善其身。我们只能祈愿流淌千年的金融史带给我们的是超脱的智慧和回首的勇气,而不是莽撞的志气和一无所为的率性。

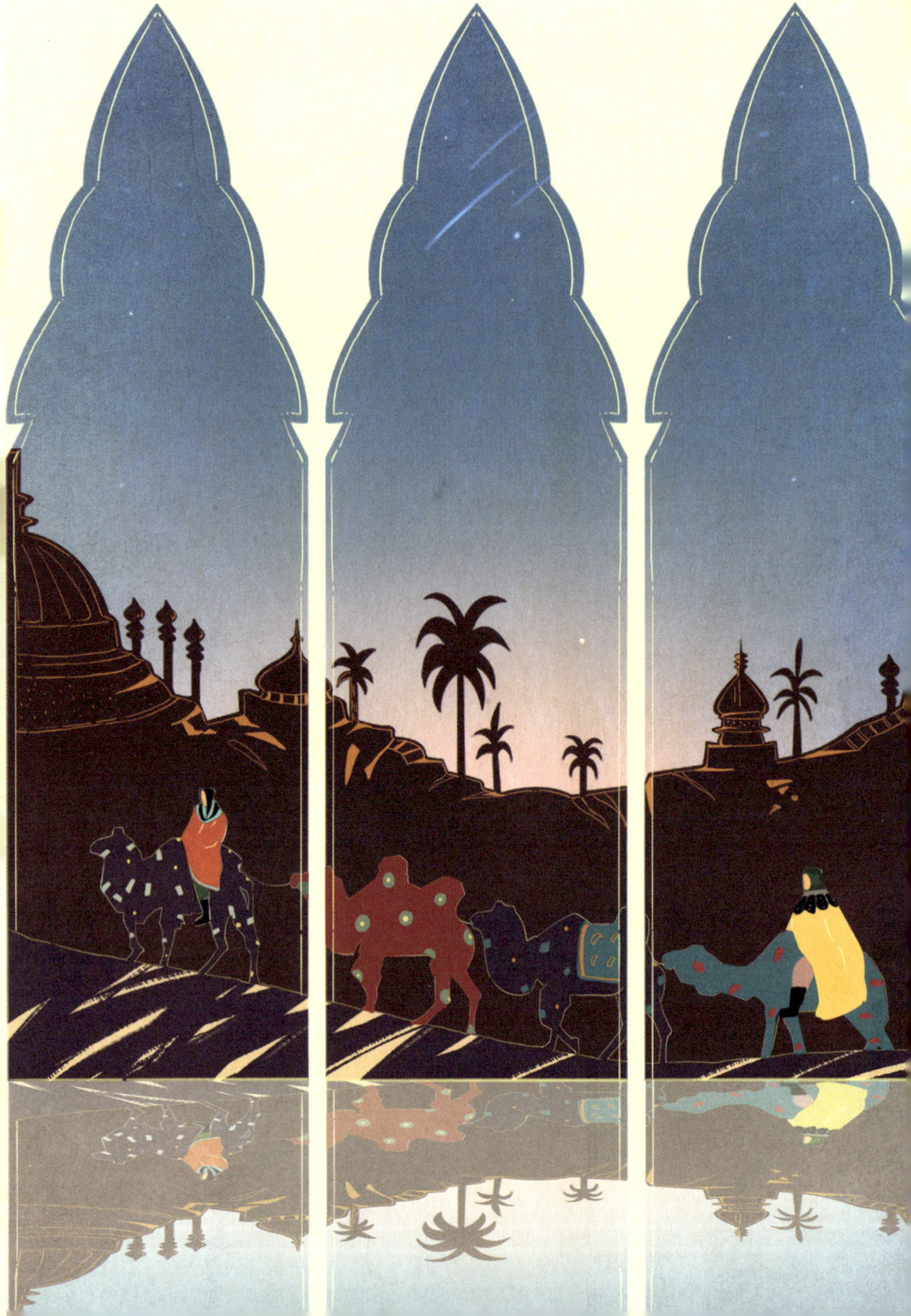

第十二章

委内瑞拉：
终极通货膨胀

终极通货膨胀的发生既为全世界所有经济体敲响了警钟，也引起了人们对西方经济制度的思考。人们也开始思考，多党制下的总统选举制是否会导致每一任总统都只考虑任期内的短期利益和政绩，忽略长期问题？新自由主义经济带给人们的到底是自由还是毁灭，我们只能等待时间得出答案。

委内瑞拉玻利瓦尔共和国，简称委内瑞拉，是一个位于南美洲北部的国家，北临加勒比海，南接巴西，国土面积916 400平方千米、海岸线长2 813千米，人口3 222万左右。乍看之下，这是一个再普通不过的国家，而这个国家的一切的幸运和不幸都源于石油。

委内瑞拉的探明石油储量长期位居全球前列，数据显示，2019年委内瑞拉探明石油储量占世界探明总储量的17.52%。作为对比，我们熟知的产油大国沙特阿拉伯石油储量占比为17.16%，俄罗斯占比为6.18%，美国占比为3.97%，中国占比为1.51%。同时，委内瑞拉的天然气储量位居全球第8名，金矿储量位居全球第13名，而且北部沿海有丰富的海鲜资源，东北沿海又盛产珍珠，说是长在金山上的国家也不为过。

委内瑞拉的石油虽然储量大，但是质量远不如沙特阿拉伯。沙特阿拉伯的石油 70% 以上都是优质的轻质原油，而委内瑞拉的石油中有约 90% 是超重原油。超重原油是原油中的一种，因黏度高，且硫、酸等含量较高，其勘探、开采、炼制等需要投入较多资金。雪上加霜的是，委内瑞拉的石油有 75% 都集中在奥里诺科重油带，开采难度大，而最初委内瑞拉并没有先进的石油开采技术，只能大量引入外国公司注资合作。

大量外国公司进入委内瑞拉，在开采石油的同时，也带走了巨量的财富。1943年，委内瑞拉政府通过了相关法律，规定外国公司从石油中获得的利润不得超过向委内瑞拉政府支付的利润。说得简单点，就是见面分一半。靠着卖石油，委内瑞拉人均GDP迅速上升到7 424美元，全球排名第4，超越了很多发达国家。

财政收入高了，大家都想分一杯羹。在金钱的刺激下，总统选举也变成了钱的竞争。1973年，一个给委内瑞拉带来短暂辉煌也带来满目疮痍的男人出现了。为了获得选票，当时的民主行动党成员、总统候选人卡洛斯·安德烈斯·佩雷斯·罗德里格斯向选民承诺了涉及卫生、教育、医疗等多方面的社会福利政策。与此同时，佩雷斯还向商人和资本家许诺了很多商业项目，以获得资本的支持。

凑巧的是，佩雷斯当选总统后，阿以战争爆发了，整个中东都被卷入战争的硝烟中，国际油价暴涨，以出口石油为主要收入来源的委内瑞拉赚得盆满钵满，政府财政收入翻了三番。佩雷斯信心倍增，提出了大委内瑞拉计划。一方面在卫生、教育等方面大量投入，疯狂给公民发福利，总预算达530亿美元；另一方面向帮助他竞选成功的资本家们返利，把政府预算批给了大量的商人用以建设商业项目，比如南美洲最大的商业综合体——中央公园。

同时，佩雷斯开始轰轰烈烈地进行石油国有化，驱赶了十几个国家的资本，强行把石油资源收归国有。委内瑞拉政府不凭公民纳税对公民财产权和自由进行保护，而是用源于石油收入的政府救济去贿赂公民，以维持权力。然而政府挣钱的速度远远没有花钱的速度快，为了兑现当初对选民的承诺，佩雷斯只能靠借钱维持自己选举时许诺的高福利社会。

1979 年，路易斯·埃雷拉·坎平斯就任总统。这位总统远没有前任那么幸运，路易斯就任时，不仅要背负 200 亿美元的巨额债务，还遇到了油价大跳水。委内瑞拉的石油开采成本本来就高，油价跳水后，出口额和收入都大幅降低。雪上加霜的是，美国又给拉美国家放了一把火，美联储把利率提高到了 20%，在美国的经济制裁下，拉美国家经济集体崩溃。后来，几十个拉美国家联合起来对美国表示，没钱还债，决定不还钱了，这件事到现在还没有解决。

而这个时候，路易斯总统在干什么呢？他干了一件神奇的事，在本国经济体系几近崩溃、国民生活水深火热之时，他选择联合资本家，洗劫国家和人民的财富。

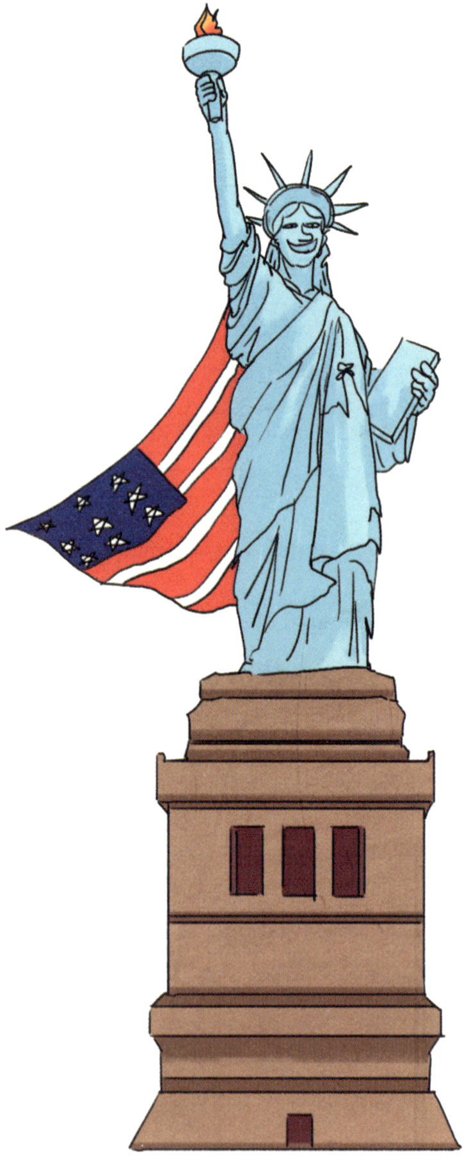

1983年2月18日被委内瑞拉人称为"黑色星期五"。当日，委内瑞拉所有银行关门停止营业，同时政府宣布委内瑞拉货币贬值75%，并禁止个人兑换美元。更令人迷惑的操作是机构可以用4.3∶1的汇率兑换美元，而这个时候实际汇率已经到了280∶1，这相当于资本家们一倒手，资产瞬间就涨65倍。近代历史上，政府联合资本家洗劫人民财富做得如此明目张胆的，委内瑞拉也算是头一份了。

委内瑞拉的崩溃自然少不了美国的火上浇油。1982年，里根政府提出了"和平三角洲"计划，大致交换条件就是美国出售军火给委内瑞拉，而委内瑞拉要接受华盛顿共识，也就是新自由主义的经济模式，放弃对本国经济的管控，让资本进驻和操控。

时间到了1989年，佩雷斯凭借花言巧语二次竞选成功。他就任的时候委内瑞拉的通货膨胀已经夸张到40多倍了，贫困人口占总人口的4/5，而且油价还在持续下跌。为了维持失而复得的权力，佩雷斯只能选择继续借钱。佩雷斯从国际货币基金组织借了45亿美元，也带回了华盛顿共识和新自由主义经济，为本国经济全面崩溃埋下了一条最重要的导火索。

上任后，佩雷斯政府宣布放开汽油价格和一些其他物品的管控，实行市场经济，大量的商品开始涨价。这个时候委内瑞拉的经济命脉已经被美国等西方国家掌控，贫富差距巨大，民众生活不下去，发起了游行和抗议。面对游行，佩雷斯选择了暴力镇压。1992 年，时任空军营长查韦斯发动了政变，最后据说因为在军事博物馆里迷路导致政变失败而入狱。佩雷斯在 1993 年被免职。之后，卡尔德拉接任总统，继续推行新自由主义经济，委内瑞拉国内的贫富差距和通货膨胀继续恶化。

1999年，出狱后的查韦斯当选总统。查韦斯就任后，出于对玻利瓦尔的崇敬，将国名改为委内瑞拉玻利瓦尔共和国，并修改了宪法，延长任期。幸运的是，查韦斯任职期间，国际油价从13美元一桶上涨到150美元一桶。这不仅让查韦斯政府获得了巨额的收入，还提前还清了此前政府欠下的几十亿美元的债务，贫困率也下降到了28%。

查韦斯当选初期曾多次访问美国，那时委内瑞拉和美国的关系还不错。但是查韦斯推行的是民主社会主义，与美国的新自由主义存在根本上的不合。为了让人民免受西方资本家的剥削，查韦斯以和平民主方式发起了玻利瓦尔革命，提出了宏大的"玻利瓦尔任务"。

任务主要涉及4点：其一，兴办国有企业，把废弃的工厂收归国有；其二，推动企业实行"共同管理"，在城市和乡村扶持建立各类合作社；其三，以适当途径收回被非法占用或是长期闲置的土地，将其分配给缺地农民；其四，在教育、医疗、住房、就业等领域实施一系列计划，为中下层民众谋福利。

简言之，就是国有化和高福利。第一个国有化的就是石油产业，查韦斯先是通过一系列税收调整，终止了之前约定俗成的五五分成制，将政府占有的利润比例提升到70%~90%。随后，在2005年，委内瑞拉政府对国家石油公司PDVSA的持股比例提升至60%，并强制要求外国公司将原来的经营服务合同换为新的合资公司协议，借此提高石油产业的矿产税和所得税。

2009年，委内瑞拉颁布了《国家掌管石油行业基础活动相关资产和服务法》，允许政府用债券替代现金进行补偿，将为委内瑞拉石油业服务的外国公司收归国有。这一年，查韦斯

将委内瑞拉石油行业的76家外国公司全部强制收归国有，不仅没收了欧美国家开采出来的石油和开采设备，还派遣军队协助接管。

除了石油国有化，委内瑞拉还实行了全行业的国有化。2007年1月，查韦斯宣布将通过收购股份将委内瑞拉的主要电信公司——全国电话股份有限公司国有化。2007年2月，查韦斯政府收购加拉加斯电力公司82%的股份，将原属于美国爱依斯电力公司的委内瑞拉最大的电力公司收归国有。2008年4月，查韦斯宣布将墨西哥水泥公司、瑞士豪西盟水泥公司和法国拉法基水泥公司收归国有，查韦斯政府与上述公司成立合资企业，控股60%以上。2008年4月，查韦斯政府通过收购奥里诺科钢铁公司60%的股份，将其国有化，该公司是委内瑞拉最大的钢铁公司。2009年5月，政府又将Sidor钢铁公司，意大利、阿根廷合资的马特西公司，日本、欧洲合资的孔西加公司、塔弗萨钢管厂，澳大利亚、英国合资的奥里诺科铁厂收归国有。2009年5月，查韦斯政府以10.5亿美元将西班牙国际银行集团控股的委内瑞拉银行收归国有。同年，查韦斯下令由政府接管加那利、联盟、玻利瓦尔和住房4家私人银行。

此外，查韦斯政府还对大米加工、咖啡和超市行业进行了国有化。2005—2009年，查韦斯政府共对762家外资或私人企业进行国有化。这一系列国有化举措彻底惹怒了西方国家，美国总统小布什宣布对委内瑞拉禁售武器并实行经济制裁。

查韦斯则在 2005 年提出了"21 世纪社会主义"，在意识形态上与美国彻底对立，并将武器供应商换成了俄罗斯，与古巴、叙利亚、俄罗斯等反美国家建立了密切的联系。而美国不允许任何一个石油国家不听话，经济制裁不断。2017 年 8 月，特朗普政府宣布对委内瑞拉实行新一轮的经济制裁，委内瑞拉则宣布与美国断交，并弃用美元。2020 年 3 月，美国司法部对包括总统马杜罗在内的多名委内瑞拉政要发起了指控，称其涉嫌走私毒品、勾结恐怖主义、洗钱等。

在进行国有化的同时，查韦斯政府用卖石油的钱兑现选举时向民众许下的高福利社会的诺言。首先，全民免费医疗，企业要承担员工及其家人的所有医疗费用，医院会按月把看病、买药的账单直接寄给公司，由公司埋单。此外，还有免费住房和五花八门的补助，劳动者享有午餐费补贴、城市补贴、结婚补贴、生育补贴、工龄补贴等。民众还可以享受价格超级低廉的汽油和过路费，委内瑞拉的汽油零售价仅为每加仑 0.05 美元，折合人民币约为每升 0.34 元，上百千米的过路费也仅需几毛钱。同时，查韦斯政府还扶持农业、手工业和低端服务业，而对高端服务业、重工业和高新技术产业没有补贴，甚至征收高额税费。

如此高额的社会福利，仅靠卖石油是无法实现的，于是查韦斯政府也走上了借钱发福利而不发展科技产业的老路。直至现在，委内瑞拉开采石油的技术和设备还是 20 世纪的。

查韦斯病逝后，马杜罗继任总统。马杜罗继任后，国际油价由 92 美元一桶暴跌至 30 美元一桶，而开采一桶石油的成本就要 25 美元，为了维持高福利社会，政府只能疯狂印钱。根据国际货币基金组织估算，2018 年委内瑞拉通货膨胀率约为 1 400 000%，2019 年约为 10 000 000%，因为委内瑞拉近几年已经不公布经济数据，只能估算。

因为通货膨胀，汇率一天一个价，各大商场的物资遭到疯抢，政府开始对基本生活用品限价，食品、药品、卫生纸通通限价。例如一卷卫生纸的官方定价是300~500主权玻利瓦尔，黑市上的价格却是260万主权玻利瓦尔。限价导致商家生产或销售物资之后是亏钱的，亏钱的生意自然没人愿意做，大批的工厂和商家倒闭，之后委内瑞拉进入了物资进一步短缺的恶性循环。

一组数据显示，马杜罗任职总统期间，委内瑞拉的GDP增长率从2013年的–3.9%降至2019年的–20%，失业率攀升至35%，贫困率94%，留守辍学儿童约120万名，每年发生约2万起谋杀案件、2万起抢劫案件。

因为资源紧张，经常断电断水，委内瑞拉政府也基本只在周一、周二办公。人民没有饭吃，也买不到基本的生活用品，于是开始流亡，他们拖家带口穿越国界线，流向了周边国家，离开了自己曾经的国家、曾经幸福的天堂。

委内瑞拉原来的印钞合作伙伴是全球知名的印刷、造纸、货币业务公司德拉鲁，由于委内瑞拉经济状况恶化，无法负担更高的印刷成本，开始拖欠德拉鲁的款项。德拉鲁损失了2 300万美元，随即宣布拒绝再为委内瑞拉印钞。委内瑞拉便将赚取外汇的希望寄托在了数字货币上。不仅军方自建矿场，开挖比特币，而且同时规定私下挖矿会被控恐怖主义、洗钱和计算机犯罪等多种罪名，最高可判死刑。委内瑞拉军方在全国范围内监控电力波动，一旦发现异常消耗就立即锁定，进行抓捕。

总统马杜罗更是在2018年1月的电视讲话中宣布发行石油币。马杜罗表示，新货币将得到委内瑞拉储备的石油、黄金

和钻石的支持。委内瑞拉也因此成为全球首个发行法定加密货币的国家。2019 年，马杜罗宣布批准一项 9.24 亿主权玻利瓦尔（约合 15 万美元）的款项，开始向 100 万个加密货币钱包分发石油币，计划将石油币送给全国的年轻人。根据马杜罗的声明，这是为了鼓励该国的年轻人使用和交易石油币，以此拯救委内瑞拉经济，并规避美国的制裁。

但是，委内瑞拉的企业对石油币并不热衷，能够交易石油币的也都是一些小平台。政府规定的交易价格是 60 美元，但实际交易价格仅为 8 美元。石油币渐渐被人们抛弃，委内瑞拉开始举全国之力挖比特币。2020 年 11 月 30 日，委内瑞拉所有必胜客开始接受加密货币支付。

终极通货膨胀的发生既为全世界所有经济体敲响了警钟，也引起了人们对西方经济制度的思考。人们也开始思考，多党制下的总统选举制是否会导致每一任总统都只考虑任期内的短期利益和政绩，忽略长期问题？新自由主义经济带给人们的到底是自由还是毁灭，我们只能等待时间得出答案。

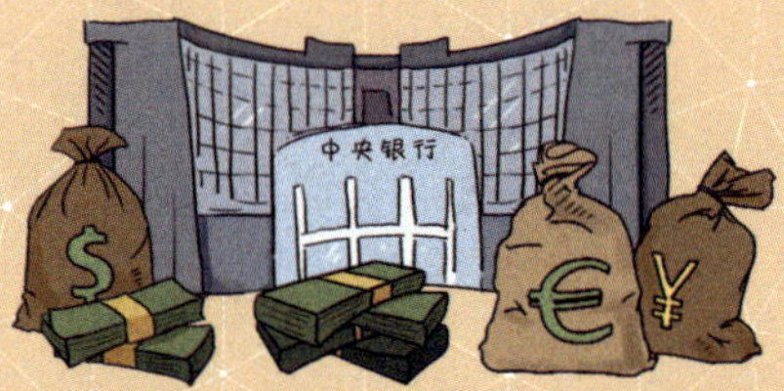
中央银行

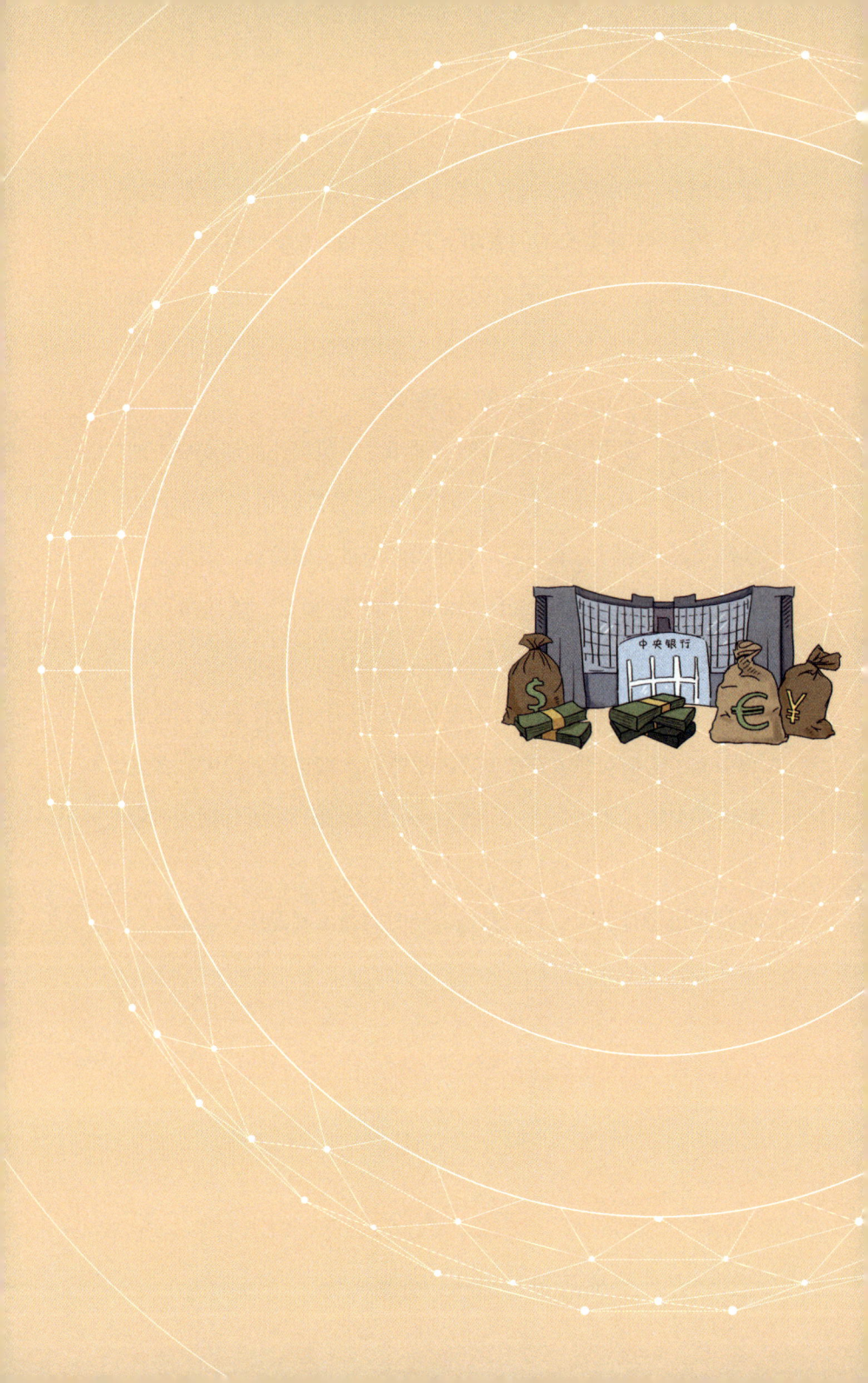

第四部分

自由与枷锁

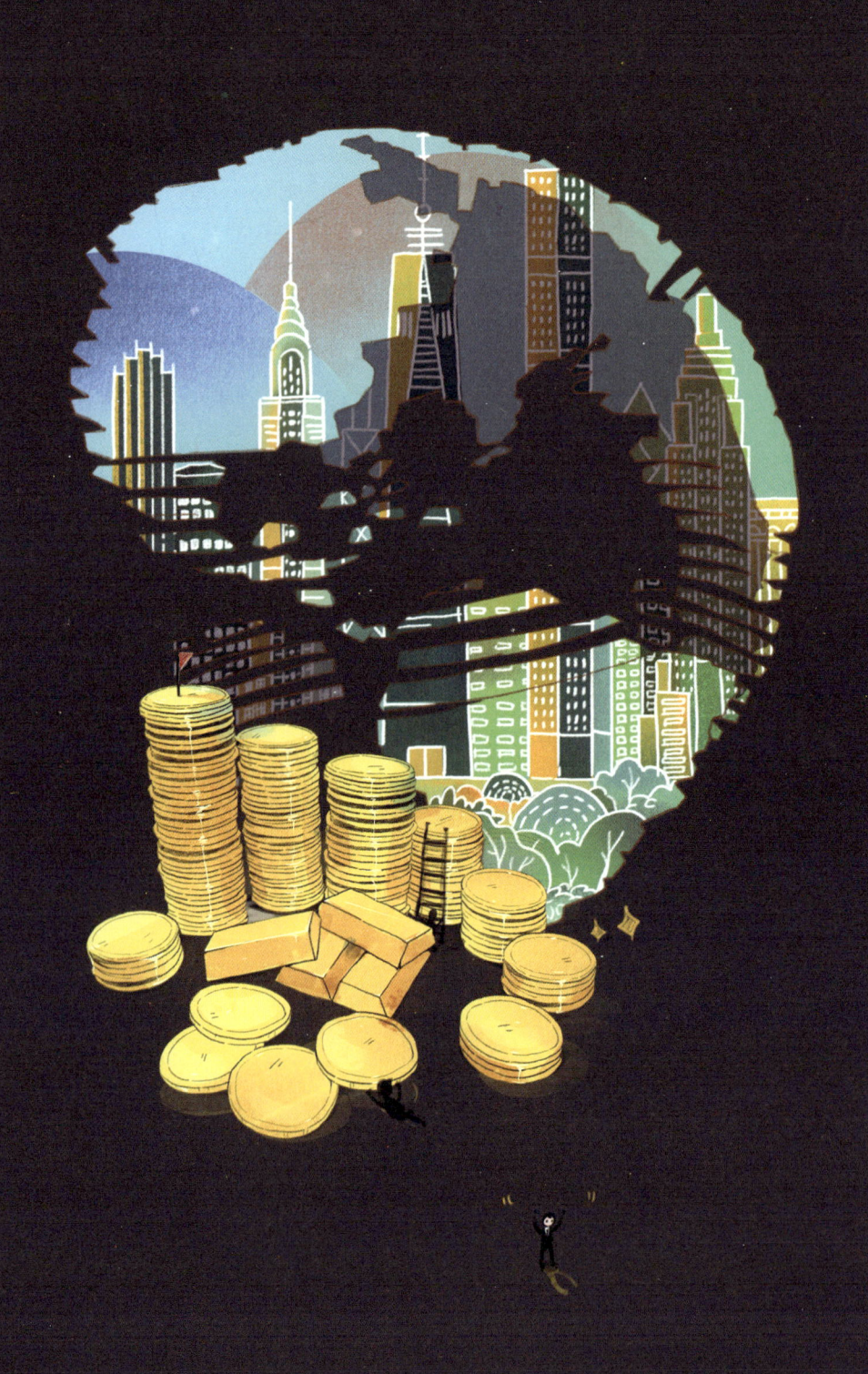

第十三章

竞争的货币：
加密货币的构想与试验

哈耶克认为，废除中央银行对货币创造的垄断，允许私人发行货币，并自由竞争，在这个竞争过程中，将会出现最好的货币。

货币之所以诞生，和人类历史上大多数伟大的发明一样，是为了满足人类的需求。货币让人类从以物易物和交易的地域限制中解脱出来，拥有了"买买买"的自由。因为货币，一切物品、一切劳动、一切创造都可以被赋予价值。货币把世界的复杂性和多样性统统塞进了名为"一般等价物"的一般性的存在中，借由这种被量化的价值，人类第一次拥有了交换的自由。

货币最开始并没有明确的定义，而是经过了一番演变。原始社会末期，以农业为生的民族多以五谷、陶器、海贝作为一般等价物，游牧民族则用兽皮、马、羊等实现货币的职能。经过一段时间的使用，人们发现牲畜易死、陶瓷易碎，难携带、难保存，而且不能分割，于是这类货币自然而然被淘汰了。至于玉石，虽然很适合作为货币，但是无奈数量太少，无法满足流通所需的基数。人们思来想去，换来换去，发觉贝壳这东西不错，小小一个，很容易携带，而且计数方便，更重要的是它是自然资源，需要通过一定的劳动获得，不会突然枯竭，引发通缩。于是，贝壳在万千货币中脱颖而出，在很长一段时间里成了人类用来交换物资的主要媒介。

历史发展到这里，一切看上去美好而顺利，人类发明了货币，货币让人类生活更美好。但是，货币这么好的东西，自然是谁都想要，君主也不例外。

起初，君主们收归的权利只是铸币权。怎么实现呢？测量和认证一块金属是否合格，如果合格，政府会在金属上盖个戳，之后就可以在市场上流通了；没有盖戳的金属则被认为是不合格的货币，不能进入市场。君主们通过铸币权所获得的营收是铸币税。通过铸币权的合理化，政府对金、银、铜等可作为货币的金属实现了垄断，铸币变得神圣起来，人们开始相信，只有君主才能够拥有这样的权利，铸币权也成了国家主权中最重要的组成部分。

这种观念最初可以追溯到公元前 6 世纪，吕底亚的克洛伊索斯国王打造了第一枚铸币，到罗马帝国时代，这个观念变成了常识一般的存在。铸币也从盖戳变成了铸造一枚自然界中原本不存在的货币，或者说君主可以创造货币。

如何通过铸币这事挣钱？首先就是量变创收。只收铸币税怎么行，开采原料不要成本吗？收个开采税不过分吧。管理货币流通不要人力吗？再收个使用税也挺合理吧。一来二去，在铸币税的基础上，增加了各种税收的类目。

但是量变见效比较慢，有没有一种来钱更快的方式呢？有，那就是质变。举个例子，君主们可以把 1 斤重的金子收上来，重新熔炼成 0.9 斤重的金子，然后告诉民众，这个 0.9 斤重的金子可以当 1 斤重的金子花。这样，一下就可以直接拥有全国人民 1/10 的收入。如果怕金子重量变小被发现，可以在其中加入其他金属，让它看上去和原来一样。

仅仅是铸造金、银、铜货币，可玩的花样就这么多，到了纸币时代，造假的成本更低了，这也意味着通过货币创收的手段更多了。温和派的创收手段就是通货膨胀，即凭空印钱来掠夺财物。大多数纸币的发行主体，在发行纸币之初都会告诉民众，纸币的发行量是与其所拥有的黄金储量（或其他等价物）对应的。但在实际运行中，国家不会老老实实根据黄金储量印钱，也没有一个国家可以放弃通过通货膨胀这种调控手段为经济增速带来正向刺激作用。纸币好像生来就带着贬值的基因，不断印钱、通货膨胀、物价上涨，钱越来越不值钱了。

强硬派的创收手段是通过政府政令直接"抢"。比如 1933 年美国经济大萧条时期，罗斯福总统签署第 6102 号行政命令，禁止美国人私人持有黄金，所有私人持有的黄金必须上交给美联储。但这种赤裸裸剥夺美国人黄金所有权的行为并不是最可耻的，更可耻的是，美国政府将黄金价格从每盎司 20.67 美元上调至 35 美元。这无异于毫不掩饰地告诉美国人民：现在国家困难，借点钱花花，我就是明抢你 40% 资产，反正失去了黄金只能使用美元的你也没有反抗的能力。

这个时候，我们发现了一个问题，货币带来的自由好像消失了。人类通过劳动换取货币，再用货币去购买自己想拥有的一切，在付出劳动换取等价物品这件事上原本是自由的。而当货币的发行权被滥用时，人们拼命劳动，但是依然跟不上货币贬值的速度，劳动的价值和可以换取的物品不再等价，人类不能够自由地交换自己想拥有的物资。此时的货币不是实现自由的工具，而是剥夺人类生存自由的帮凶。

当然，从另一个角度来看，适当的货币调控政策对于国家的发展和人类社会的稳定是有积极作用的，这在金融发展史上也有很多成功的实践。这里我们仅从货币本身出发，去看主权货币管控可能会带来的糟糕结果。

如果主权货币成了君主们的"玩物"，国家法币成了某些政府掠夺人民资产的工具，那么统一的货币就失去了诞生之初历史赋予它的伟大使命。于是有些人有了这样的思考：为什么一个国家有且只能有唯一的一种货币，能不能允许私人发行货币，然后让货币"竞争上岗"呢？

非主权货币的理念并不是在近代被提出的。早在19—20世纪，资本家和银行家们就开始宣传自由银行体制，甚至自由货币的思想，试图以自由的名义剥夺人民更多的财富。但是这些所要求的只是私人铸币权，类似于分销，而不是私人发行一个全新的货币。

真正意义上的自由竞争货币或者非主权货币理念的诞生，要追溯到19世纪70年代。当时布雷顿森林体系崩溃，弗里

德里希·奥古斯特·冯·哈耶克出版了《货币的非国家化》。哈耶克在书中提到，政府对于货币发行权的垄断对经济的均衡造成了破坏，政府是不可信的，历史一再证明垄断某种商品一定会导致无效率，政府垄断货币并不会比私人发行货币更好。哈耶克认为，废除中央银行对货币创造的垄断，允许私人发行货币，并自由竞争，在这个竞争过程中，将会出现最好的货币。

在技术层面上，非主权货币这件事跨越书本和论文，来到了现实世界。2008年10月31日，神秘人物中本聪在互联网上一个讨论信息加密的邮件组中发表了一篇论文——《比特币：一种点对点的电子现金系统》。他在文中提出了一种完全通过点对点技术实现的电子现金系统——比特币区块链系统，这也是历史上第一套切实可行的加密数字货币系统。比特币继承了数字货币对于用户交易隐私的保护，但是在电子货币的处理上采取了与实体货币类似的处理方式。"我们定义一枚电子货币就是一条数字签名链。每个拥有者都通过将上一次交易和下一个拥有者的公钥的哈希值的数字签名添加到此货币末尾的方式，将这枚货币转移给下一个拥有者。"

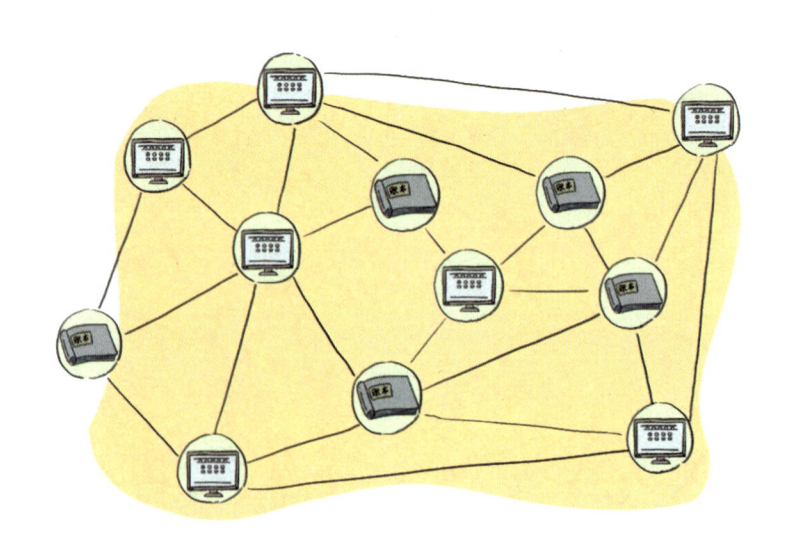

但是，密码学带来的隐私性和不可追溯性在保护隐私的同时，也成为一些非法交易的温床，比特币成了买卖毒品、赌博交易的最佳选择。同时，加诸比特币等数字货币身上的、本不应存在的投资属性，也让它们沦为了少数人的玩具。目前，中国对虚拟货币进行严格监管，打击比特币挖矿和交易行为。

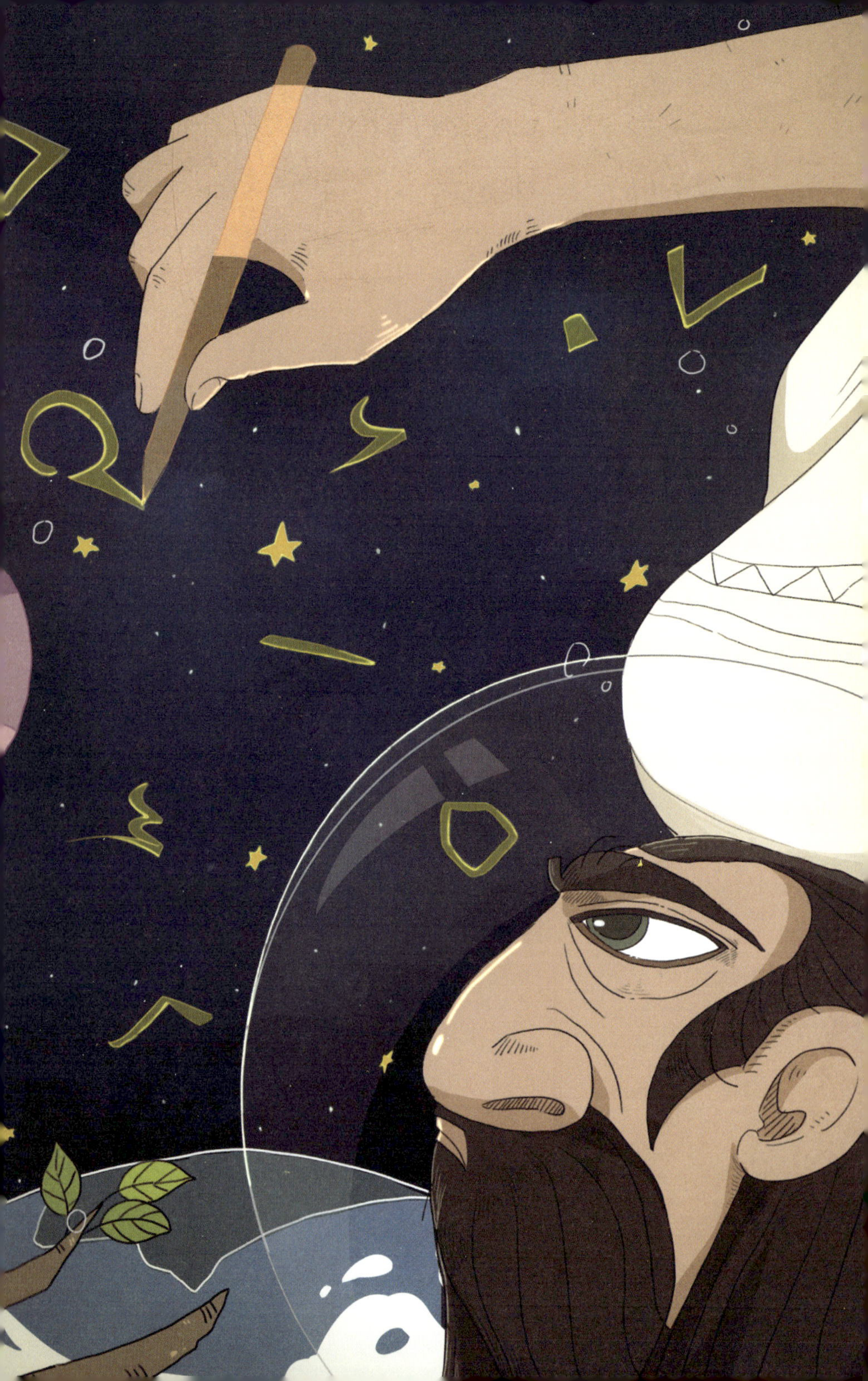

第十四章

金融的轮回：
中心化金融与分布式金融

如果说人类的本质是复读机，金融的本质可能就是轮回，而区块链便是打破金融轮回的钥匙。基于区块链构建的分布式金融世界可以重构人类的价值体系，从以物易物到中心化，再到点对点的分布式金融，打破轮回后的金融进入了一个更大的"轮回"。

说起金融轮回,大家应该并不陌生,即便是对金融甚少关注的人,也听过10年一轮回的金融危机。在现代金融的百年历史中,金融监管不断轮回,经济周期不断起伏,全球秩序也在不断更替,可谓是你方唱罢我登场,各领风骚"不几年"。

但是今天我们想聊的不是这样"小家子气"的轮回,而是一个更加"荡气回肠"的轮回。

如果历史告诉我们,金融的轮回不可避免,不如让一切回归事物的本质和原点。如果中心化的金融总是不可避免地走向堕落和衰退,如果靠任何完美设计的制度、严格管控的法律都无法战胜人性的贪婪和历史的惯性,不如去中心化,通过技术手段构建一个点对点的金融体系,从源头上消灭问题。这样是不是就可以终结这个百年轮回,跳出历史,继续向前走了?

金融的原点是以物易物，其本质就是点对点交换。比如我有一只鸡，你有一只鸭，我们交换一下，于是我有了一只鸭，你有了一只鸡。把鸡和鸭替换为世界上的万事万物，仿佛都可以成立，那么我们是不是可以这样认为：只要我能找到恰好想要交换的人，我就总能获取我需要的东西，仅凭点对点的以物易物，我的生活便可以过下去了？

这在理论上是没有问题的，但在现实中绝无可能。

如何让不可能变成可能呢？我们需要解决几个问题。其一，物理上的位移，把物理世界的万事万物映射到数字世界，这样便可以超越时空的限制，在点对点交换时拥有全世界所有可交换的物品的信息。其二，双方认同的价值，我认为我的鸡可以换两只鸭子，但你认为只能换一只，双方无法达成一致，这项交易便无法达成。其三，交换行为需要监督人，我把我的鸡放进了量子传送通道，你却不把鸭子放进来，有没有人管呢？

　　第一个问题就像是金融的数字孪生。当然，映射并不是指信息的上传，比如把银行卡的余额信息登记在银行账户中，把房产证登记在房管局的管理系统中。这些信息上传类的数字化仅仅是对物理世界变动的记录。在数字世界重新构建物理世界的金融，既包含对现有状态的记录，也包含其背后价值网络和关系的映射，映射后的数字世界应该是有自主衍生的特性的。

而第二个问题更像是区块链技术中的共识机制的问题，第三个问题对应的则是区块链技术中的智能合约。

既然这些问题最终都指向了区块链，我们便来探究一下基于区块链技术构建的金融体系和现行的金融体系究竟有什么不同。

区块链是一个分布式账本数据库，初衷是通过去中心化、弱中心化解决信任问题。基于区块链技术，可以构建一个分布式的金融网络，网络中各个节点的权利和义务相等，每个节点都可以查看整个区块链上所有的信息，且信息实时更新、不可篡改，节点之间的交易也是以点对点的方式进行。同时，智能合约用代码把规则写于不可更改的区块链上，区块链网络中的每一笔交易、每一个约定，有且只有一种可能，那就是执行。

有了支持点对点交换的技术，我们再把可以用来交换的万事万物，比如劳动的产出、某个创意的价值、某种实体商品、某种抽象服务都映射到区块链网络中，实现万物通证化，在数字世界重构人类的价值体系。这样一来，让人类社会的金融体系从根本上发生改变似乎也没那么难办了。

如果说人类的本质是复读机，金融的本质可能就是轮回，而区块链便是打破金融轮回的钥匙。基于区块链构建的分布式金融世界可以重构人类的价值体系，从以物易物到中心化，再到点对点的分布式金融，打破轮回后的金融进入了一个更大的"轮回"。

当然，这些都过于遥远，也过于理想化了。我们回到现实世界，谈谈对于当下这个时间节点来说，分布式金融有什么作用。

现今的中心化金融体系存在的最核心的问题，便是安全和隐私的问题。

首先是安全问题。我的钱并不属于我，而是中心化的金融机构做给我看的一串数字。一旦中心化的金融机构被攻击，数据紊乱，我的钱便会消失无影，而我为了获取这些钱所交换的价值也会被直接抹去。换句更通俗的话说，古代社会，即便江山易主，我尚能带走自己的金子，证明我确实拥有过；现代社会，如果所有的银行和政府都消失了，账户的数据直接清零，我拿什么证明我的钱属于我呢？

其次是隐私问题。我的数据也不属于我，交易的实名制、各种软件的信息收集，让生存在人世间的我仿佛一个透明人。换句话说就是，可以用纸币买卖的时候，无人知道我的钱是怎么挣来的，也没有人记录我到底买了什么；但是现在，无论购买什么都会被记录下来，相关信息也可能被一部分人获知。

基于区块链的分布式金融具有匿名性，通过密码学保护交易的隐私安全，别人无法知道你在区块链上拥有多少资产，以及和谁进行了交易。同时，区块链是集体维护、不可篡改的分布式账本数据库，你的数据或者说钱，是存在于只属于你的"地址"上的，谁也没法转走。想要强行篡改，可能需要同时攻陷一半以上的节点，而这是目前的算力所做不到的。你甚至可以买一个硬件钱包，把你的钱锁起来。

虽然有如此多的好处，但现有的分布式金融依然存在区块拥堵、需要扩容等诸多问题。因此，刚刚诞生的分布式金融体系还不足以承担人类金融体系的重担，只能作为对现行中心化金融制度的补充。

比如，一些人不追求快速和高效，而更注重安全和隐私，分布式金融就是一种很好的选择。再比如，在常年战乱的国家、贫穷落后的地区，银行、借贷机构等金融设施并不完善，当地人无法享受金融服务，无法进行跨国转账、无法购买保险、无法找到担保人借钱，分布式金融也可以为这些地区提供成本几乎为零的金融服务，实现金融普惠。

分布式金融为人类打破金融轮回魔咒提供了一种可能，那就是让事物回归本质。当金融的智慧从经济学家们的个人智慧变成每个人的实践，或许会让处于金融秩序下的渺小的我们在挣钱这件无趣的事中找到微小的价值。

　　分布式金融体系的发展是否会带来一种超出我们认知的全新的金融概念和社会形态，我们拭目以待。

后记

在全球金融市场动荡加剧,以 CBDC(央行数字货币)、分布式金融为代表的新兴金融工具和生态日趋发展的背景下,我希望在伴随人类文明发展的金融历史长河中,寻找到面对未来新金融的独特视角和思路,于是动笔写就了《趣说金融史》。在写作的过程中,我得到了很多热心朋友的真诚帮助,给了我诸多有益的启发、思考,最终《趣说金融史》得以与大家见面。

科学技术是第一生产力,在人类历史文明的长河中,每一次科技的突破带来的都是生产力跨越式进阶,同时也使全球金融体系向着更加高效、更加符合人类生产生活习惯、更加丰富多元的目标迈进。当今,区块链技术的出现与发展,也将拓展金融生态上更多的想象空间。

金融的本质是交易,它的"进化"离不开交易系统的变革与升级。纵观人类历史，从最早的苏美尔人的泥版记账、以物易物的点对点交易，到近代证券交易的出现；仅就证券交易而言，也从最早的纸质证券、现金交易，发展到互联网证券市场出现。而区块链技术带来的分布式金融交易系统，是在技术的基础上，以前所未有的去中心、强信任完成交易系统的变革，带来的是前所未有的高效、便捷、安全。

作为金融市场的重要工具，钱包等资金存储方式也在技术的推动下不断迭代与升级，比如从最早的物理钱包到电子钱包、电子银行等。区块链技术的出现，给人类社会提供的不是存储价值的中介——货币，而是直接存储"价值"的钱包。区块链非对称加密等技术的使用，让价值存储前所未有地安全、可靠。伴随着插件钱包、移动端钱包的出现，价值存储的安全和效率得以完美融合。

事实上，系统与硬件进化的必然结果是金融生态的繁荣与多元化发展。2020 年，依托于分布式网络的分布式金融，向我们打开了安全、自由、便捷的新金融世界的大门。与此同时，我们也看到中国、美国、加拿大等国围绕 CDBC 开启了竞争。这是区块链技术带给传统金融世界的变革前兆，也预示着人类金融世界必将走向一个新的纪元。

如雨后春笋般快速发展的创新金融 DApp（去中心化应

用）持续成长壮大，这一切都依赖于全球区块链技术的持续进步，依赖于全球区块链生态的稳定繁荣。例如，区块链技术在场景性能上持续优化，使基于跨链技术的互联互通成为可能，极致的兼容让数据孤岛成为历史，也为我们提供了面向未来金融新时代的实践基础与畅想空间，叩响了无边界的价值交换生态系统的大门。

通过本书，我们能够看到，人类在拓展金融边界的路上从未停止过奋斗。而在数字经济飞速发展的今天，在区块链技术带来的全球金融变革的伟大浪潮里，无数先锋借助人工智能、大数据等前沿科技，希望以打破技术边界的方式，破除人类社会固有的"藩篱"。

如今，区块链技术已经发展到了前所未有的高度，我们在一次次试错、一次次摸索后也得到了宝贵的经验，我们正在通过自己的努力，在不断的技术创新、模式创新下，在行业的前沿领域努力探索着，且希冀着，在我们的努力下，技术带给这个世界的改变可以早一天到来。

面对技术的创新变革，有人恐惧，有人兴奋，但无论何人都逃不过时代滚滚向前的洪流。我们不妨抱着积极乐观的心态，给予伟大时代初期的"浪花"更多的共情、信心与包容，我们相信，历史终会奖励那些先知先觉的行动派与创新者。

最后，谨此向对本书提供帮助的朋友们，致以最诚挚的感谢。

徐明星

欧科云链集团创始人

北京青年互联网协会区块链委员会主任